今年からは手作り派

# やさしい梅しごと

福光佳奈子

食べもの通信社

# はじめに

梅干し、梅シロップ、梅酒、数々の梅料理……。

「やり方がわからない」
「手間がかかりそう」

そうやって避ける方も少なくない、梅しごと。

実際は、難しさも手間もなく、手軽に少量だけ作ることもできます。

梅干しは、ジッパー付き保存袋があれば作れますし、梅酒には必ずしも大びんが必要ではありません。ですから、狭いキッチンの家に住んでいても、お料理経験があまりなくても、何の問題もなくおいしく作れるのです。

梅しごとのなかでの私のイチオシは、梅干しを作る過程でできる「梅酢」です。梅酢を入手するために梅干しを作っている、といっても過言ではありません。

梅酢の風味は格別です。梅干しを手作りした人だけが手にできる、副産物ともいえるでしょう。

梅酢は、ご飯に混ぜて酢飯にしたり、肉料理や魚料理の下味やドレッシング、炒めものに使ったりするなど、万能調味料として幅広く活用できます。

また第４章では、梅を使った「作りやすい」「食べておいしい」お料理レシピもご紹介しています。

見た目の華やかさはないかもしれませんが、日々の食事を飽きずにおいしく、健康的に味わっていただけるレシピにしました。

「おにぎり以外の梅干しの食べ方を知らない」

「梅干しが苦手」

そんな方もぜひ！

梅干しに他の調味料を少々加えるだけで、素朴な味のバリエーションが広がります。

酸味を抑えたやさしい味のレシピは、梅干し嫌いを克服するきっかけになることもあるでしょう。

梅しごとの知識は一度身につけたら、ずっと使えます。

すべての方に「作ってよかった」を実感していただけましたら、うれしいです。

福光佳奈子

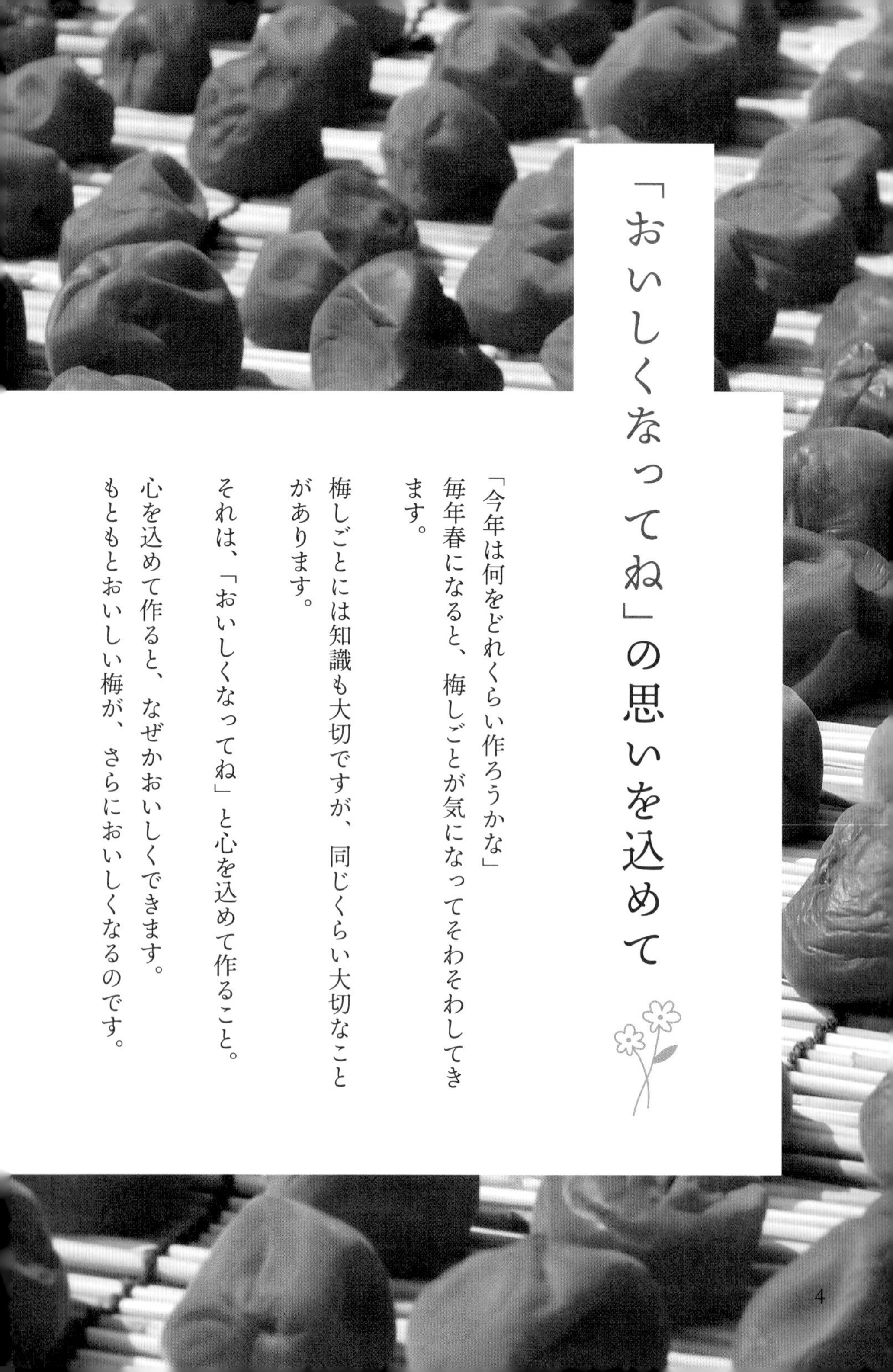

# 「おいしくなってね」の思いを込めて

「今年は何をどれくらい作ろうかな」

毎年春になると、梅しごとが気になってそわそわしてきます。

梅しごとには知識も大切ですが、同じくらい大切なことがあります。

それは、「おいしくなってね」と心を込めて作ること。

心を込めて作ると、なぜかおいしくできます。

もともとおいしい梅が、さらにおいしくなるのです。

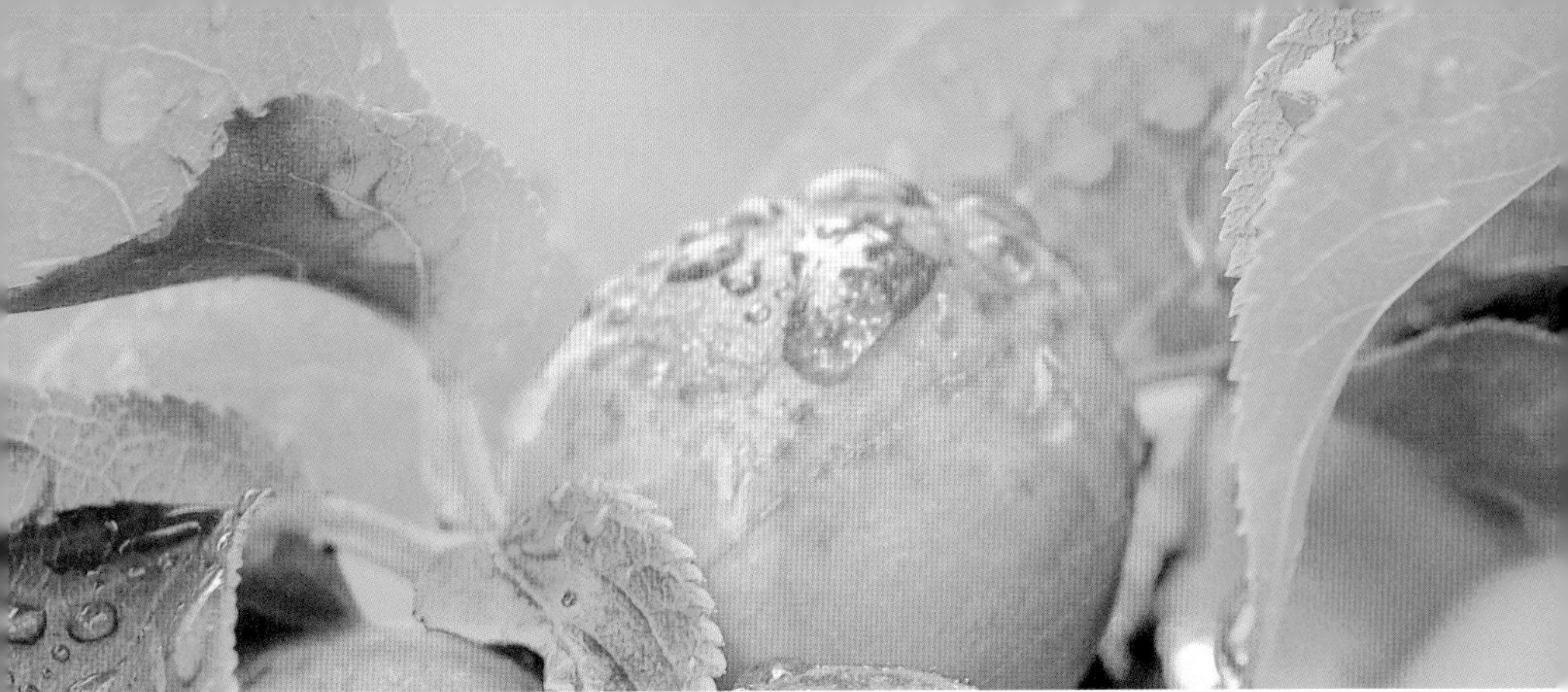

そんな魔法みたいなことがあるわけないと思われるかもしれませんが、本当です。

日本では古くから「言葉には言霊（ことだま）がある」と伝えられてきました。
言霊とは、言葉に宿る不思議な力のことで、自分が発した言葉通りの結果が待っていると信じられています。

言霊を意識してポジティブな発言を心がけると、自分を肯定し、思いやりの気持ちが湧くように感じます。
そうすると不思議な力が働いて、願い事もかないやすくなると、私は信じています。

「おいしくなってね」
梅しごとをしながら、心の中でつぶやいてみてください。

## もくじ

## 第2章 スッキリ・さわやか 梅シロップ

## 第3章　じっくり味わう　梅酒

# 第4章　かんたん・絶品　梅レシピ

・計量の単位については、大さじ1は15㎖、小さじ1は5㎖です。
・第4章「かんたん・絶品　梅レシピ」の各レシピに使用した梅干しは、第1章で作り方を紹介している塩分13％のもので、タネ付きで1個20gです。使用する梅干しの塩分濃度に応じて、分量を適宜調整してください。

# すごい健康効果！
# 梅の底ぢから

日本の風物詩とされている梅ですが、原産国は中国。中国最古の薬物学書には、すでに梅の効能について説かれていました。日本には、奈良時代以前に漢方薬として伝来したといわれています。おいしいだけではなく、その効能も別格です。

## 疲労回復

クエン酸が疲労の原因である
乳酸を体外へ排出

## 免疫力向上

梅リグナンの抗ウイルス作用に
よりインフルエンザなどを予防

## 防腐作用

クエン酸が菌の増殖を抑え、
殺菌・除菌効果も

## 食欲増進

梅の酸味が消化器官を刺激し、
だ液の分泌を促進

### アルコール分解作用

ピクリン酸が肝臓の働きをサポートし、酔いの回復にも効果的

### 整腸作用

植物性乳酸菌が腸内環境を整え、下痢にも便秘にも効果的

### 骨を丈夫にする

クエン酸と結び付くことで、カルシウムの吸収率がアップ

### 血圧の安定

血圧を上げるホルモン「アンジオテンシンⅡ」の働きを抑制

### アンチエイジング効果

梅リグナンの抗酸化作用が、老化の原因である活性酸素を抑制

### 血液サラサラ効果

酸性に傾きがちな血液を本来の弱アルカリ性に

このように優れた効能をもつ梅ですが、梅干し・梅シロップ・梅酒には、それぞれ塩分・糖分・アルコールも多く含まれています。食べ過ぎや飲み過ぎには注意しましょう。

### リラックス効果

ベンズアルデヒドという香り成分で心穏やかに

梅しごと

# 本書の3つのポイント

## 1

## だれでも、どこでも「かんたん」に！

普段あまりお料理をしない方や、
キッチンが狭い、ベランダなし、都心に住んでいるなど、
どのような住環境の方でも、
手軽に作れる魅力があります。

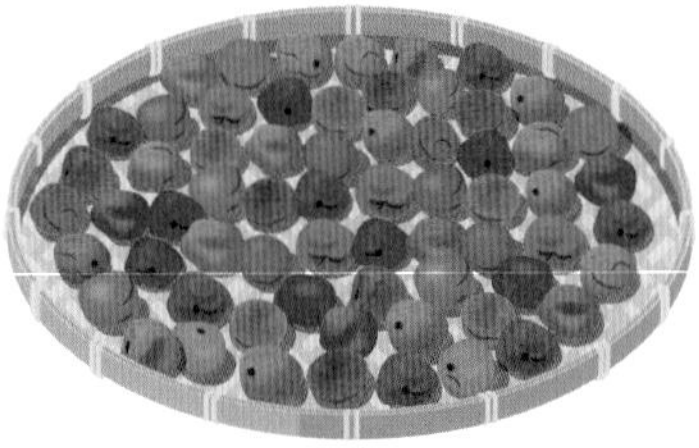

### ◎ 梅しごととは

梅が旬を迎える時季に、梅を使った保存食を手作りすることを「梅しごと」といいます。

梅しごとの代表格である梅干し・梅シロップ・梅酒作りを「三大梅しごと」とよび、本書では主にこの三大梅しごとを中心に紹介します。

## 2

## 少量から始められる

本書では、少量でおいしく作れるレシピをご紹介しています。
まずは1年間で食べられる分だけ作りましょう。
慣れてきてたくさん作りたい場合は、材料の比率を同一にして作ってくださいね。

## 3

## 特別な道具はそろえなくて大丈夫

普段使いの道具や食器で代用可能です。
梅干しを漬ける容器はジッパー付き保存袋、重しはペットボトルでＯＫ。
干すときに竹のざるがない場合は、陶器の平皿でも可能です。
長く使いそうになったら、本当に気に入った物を買うとよいでしょう。

# 梅の種類とサイズ、選び方

## 梅の種類

### 青梅

梅シロップ・梅酒向き

スッキリとしたさわやかな酸味が特徴。5月下旬頃より出回り始め、その後2週間くらいたった梅は大きさが安定してきます。完熟梅と比べて皮が厚く、梅肉も硬め。

### 完熟梅（黄熟梅）

梅干し・梅シロップ・梅酒向き

フルーティな香りとジューシーな甘味が特徴。収穫のピークは6月中旬から下旬頃。7月上旬まで出回ることも多いですが、買い忘れに注意。青梅と比べて皮が薄く、梅肉もやわらかい。

## 梅のサイズ

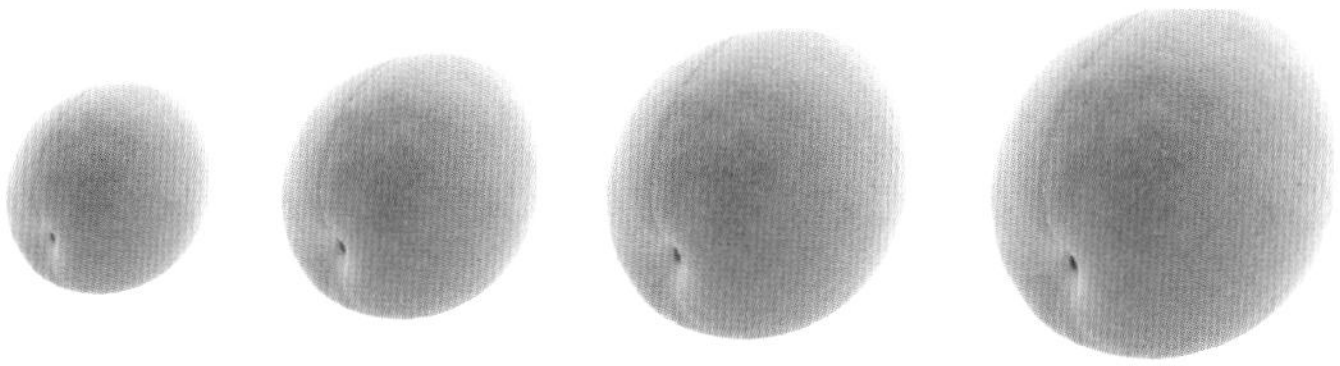

M(約15g)　2L(約25g)　3L(約35g)　4L(約45g)

梅のサイズによって、実際の梅肉量は何倍も異なります。

梅しごとの際は、重さを量るだけではなく、大きさに注目することも大切です。

梅しごとには2L以上のサイズがおすすめ。小ぶりの梅を使う場合は、レシピの分量より多く使用しましょう。

## 梅の選び方

青梅は、青々とした産毛《うぶげ》が見えるほど新鮮で硬いものを、完熟梅は、黄熟して甘い香りがするふっくらしたものを選びましょう。
傷や傷みのある梅は、カビや変色の原因になるので、必ず取り除いてください。

# 材料のお話

## 私たちの体は食べたものでできている
## 「塩」と「砂糖」の選び方

ファストフードや菓子パン、スナック菓子などは手軽さもあって、つい選んでしまうことはないでしょうか。

空腹時はとくにおいしく感じますが、味が濃かったり油っぽかったりするものも。すると、食べ終わった後に、体がだるくなったり、おなかの調子が悪くなったりすることがあります。

また、ファストフードなどには多くの食品添加物が含まれています。食品添加物をとり過ぎると消化に負担がかかるので、自律神経が乱れて代謝が悪くなり、太りやすくもなってしまいます。

一方、自分で作るごはんは、食品添加物の量を調節でき、安心です。

忙しい日は、炊いたご飯に手作りの梅干しだけでも、心地よい食後感があり、ほっとします。疲れているときや時間のないときでも、これなら難しくないですね。

私たちの体は食べたものでできています。やさしい味の食事はおいしいうえ、心と体を整えることができるのです。

## 塩の選び方

健康のためには減塩が良いとされていますが、
塩分濃度だけでなく塩の品質にこだわることも大切

- 精製塩より昔ながらの製法で作られたミネラル豊富な天然塩（粗塩）を。
- 精製塩は塩辛いが、天然塩はほんのり甘味がある。
- 安全で品質が安定しているといわれる日本の塩が望ましい。

## 砂糖の選び方

種類が豊富な砂糖。お料理との相性もありますが、
迷ったときは、体にやさしい砂糖を

- 精製糖より加工度の低い砂糖は、栄養価が高い。写真は左から〈黒糖〉〈てんさい糖〉〈きび砂糖〉。
- コクや甘味が濃厚で栄養豊富な〈黒糖〉、オリゴ糖豊富で甘さ控えめの〈てんさい糖〉、マイルドな味で料理に合わせやすい〈きび砂糖〉。特徴を押さえると、使いやすくなる。
- 〈黒糖〉は粒状と粉状があるが、梅酒作りには粒状がおすすめ。ゆっくり溶けていくので、梅のエキスが引き出しやすくなる。

# 梅しごとを始める前に

梅を手にしたら、下準備開始です。梅をやさしく洗い、水気を拭き取りましょう。

## 【下準備】

6月中旬～下旬

※梅シロップ・梅酒などで青梅を使う場合は、5月下旬～

### 1 梅を水洗いする

大きめのボウルに水を張り、ていねいに洗う。

傷付きやすいので、やさしく扱う

**Point**

梅は酸が強いので、金属製のボウルやざるは避けた方がよいとされていますが、洗って水気を拭き取るくらい短時間であれば問題ありません。

## 2

### 梅の水気を拭き取る

洗うときと同様にていねいに拭き取る。

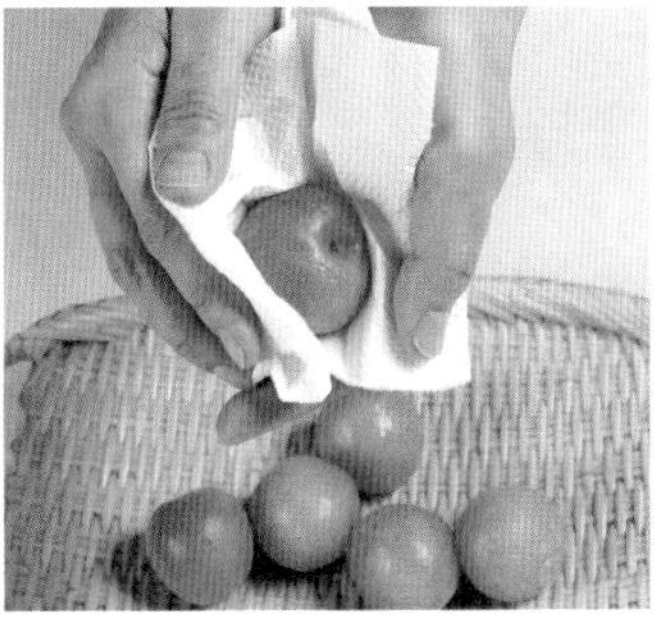

腐敗の原因になるので、水気は残さないように

## 3

### ヘタを取る

皮を傷付けないように気をつけながら、竹串の先端で黒い部分を軽く刺すと、ポロッと取れる。

梅に傷が付くので、ヘタが取りにくい場合は無理に取らなくて大丈夫

**Point**

ヘタの奥に残る黒いものは、タネの頭なので問題ありません。ヘタは取らなくてもOKですが、取った方が梅の繊細な味わいを楽しめます。

## 冷凍梅のススメ

思いがけず梅をいただいて使い道に迷ったり、シロップを作ろうと思っていたのに、砂糖を買い忘れてしまったりしたことはありませんか？

そんなときは、梅を冷凍保存してはいかがでしょうか。

P.18のように梅をきれいに水洗いして、水気を拭き取り、空気が入らないようにジッパー付き保存袋に入れて、冷凍庫へ。1年ほど保存がききます。

オンラインショップでは年中、冷凍梅が販売されていますが、やや高額なうえ送料もかかってしまうので、ご自宅での冷凍保存がおすすめです。

冷凍梅だと、生の青梅のような“カリカリパリパリ食感”を出すことは難しいのですが、P.108の梅ジャムのように時短で“トロトロなめらか食感”を出すことができます。

# 第１章

# おいしさ満点
# 梅干し

# 梅干しについて

梅には高い健康効果（10～11ページ参照）がありますが、梅干しにはさらに、熱中症対策や食中毒予防の効果もあり、夏の暑さから私たちを守ってくれます。

梅干し作りには、大きくてふっくらと黄色く熟した完熟梅が向いています。大きさは３Ｌ以上がおすすめです。最低でも２Ｌ以上を選びましょう。大きい梅ほど梅エキスが多く含まれていて、梅酢が上がりやすく、失敗しにくい性質があります。

また、青くて硬い部分のある未熟な梅は、仕上がりも硬くなるので、追熟させて使いましょう。段ボール箱や紙袋に入れて、ふたをせずに1～3日、室内に置きます。やがて梅は黄色くなり、部屋中がフルーティな香りに包まれます。

## 作るときに気をつけること

✔ 使用する梅と塩によって、梅干しの仕上がりが変わります。

✔ 梅を洗ったときの水気が残ると、腐敗の原因になるので気をつけましょう。ヘタ部分から梅に水分が入ることもあるので、梅を洗って水分を拭き取ってから、ヘタを取ってください。

✔ 梅干し作りの初期段階（Step 1 下漬け P.30～）はカビが発生しやすい時期です。梅を空気に触れさせず塩や梅酢がかかっている状態にすることで、カビの発生を防げます。

✔ 容器や道具に水分が残っていたり、衛生的でなかったりしても腐敗の原因になります。水分の拭き取りとアルコール消毒を徹底してください。

# 梅干しには赤と白の2種類があります。

赤ジソを加えた赤い「赤ジソ梅干し」は、赤ジソと梅の両方の風味を味わえます。

赤ジソを加えない梅干し本来の色の「白梅干し」は、梅本来の香りと酸味を楽しめます。

# 作り方の違いは
# Step 1 漬ける の工程に注目！

● 白梅干しにする場合：〈下漬け〉のみ

● 赤ジソ梅干しにする場合：〈下漬け〉＋〈本漬け〉

白梅干しと赤ジソ梅干しの違いは、これだけです！

※本漬けの工程を除くと「白梅干し」ができます。赤ジソ梅干しと並行して２種類仕込むと２倍楽しめます。お好みで選んでくださいね。

## 白梅干し

▶▶P.46

## 赤ジソ梅干し

▶▶P.26

# 赤ジソ梅干し

初めての方は、ぜひ赤ジソ梅干しを！
“赤ジソを入れる”ひと手間がかかりますが、
白梅干しにはない良さがあります。

## 赤ジソ梅干し 推しPoint

梅干しが赤ジソの風味に仕上がり、赤ジソだけでもそのままおいしく食べられます。

赤ジソふりかけを作って、ご飯や温野菜にかけると絶品に。

梅酢は天然の鮮やかな赤色なので、華やかな見た目が楽しめます。

# 赤ジソ梅干しの作り方
# 下準備＋３ステップ

梅干し作りの始まりは６月中旬頃。黄熟した梅が手に入ったら、いよいよスタートです。

まずは**下準備**から始めましょう。

**下準備**が終わったら、**「漬ける」**→**「干す」**→**「保存する」**の３つのStepを順におこないます。赤ジソ梅干しには漬ける工程が２つあります。①**下漬け**と赤ジソを漬け込む②**本漬け**をすることで、おいしい赤ジソ梅干しができます。

それぞれの作業の時期の目安は、下のカレンダーでご確認ください。

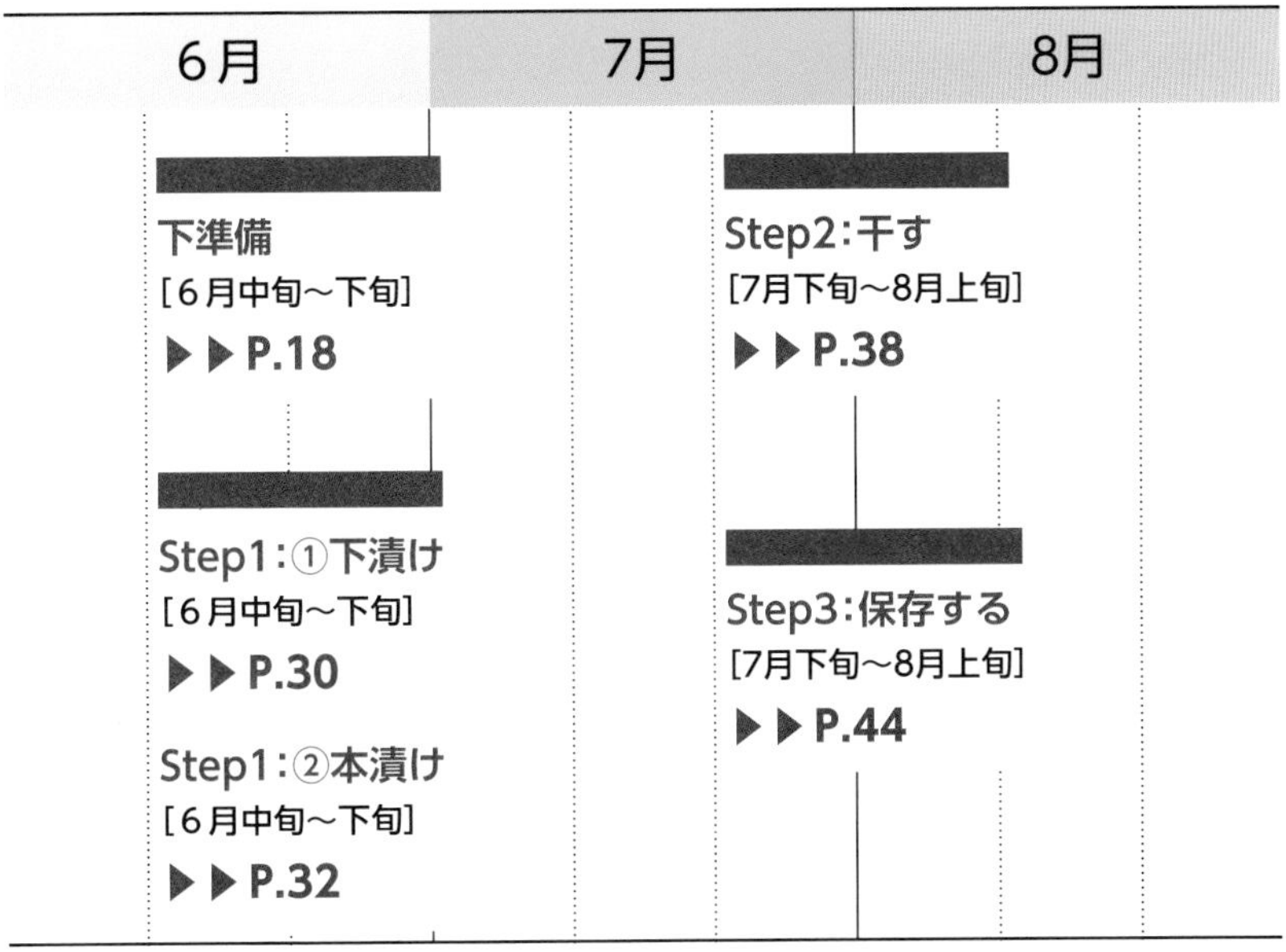

## 材料

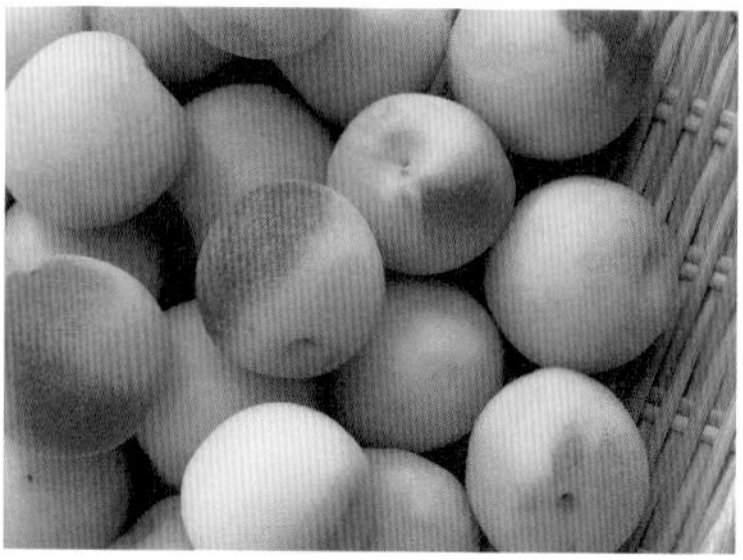

**《完熟梅(黄熟梅)》…1kg**

果肉たっぷりの3L以上のサイズがおすすめ。最低でも2L以上で

**《天然塩(粗塩)》**

※梅干し用…130g(塩分13%)
※赤ジソ用…大さじ2

しっとりした塩で、梅になじみやすい。初めての方は13%で作り、慣れてきたらお好みで10%まで下げても可

**《赤ジソ》(葉のみ)…正味150g**

色が濃厚で新鮮なもの

**《焼酎(35度)》…大さじ2**

35度以上。「ホワイトリカー」がおすすめ

# 道具

ボウル

竹ざる

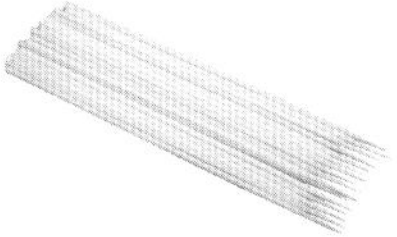

竹串
（つまようじでも可）

キッチンペーパー

計量スプーン

はかり

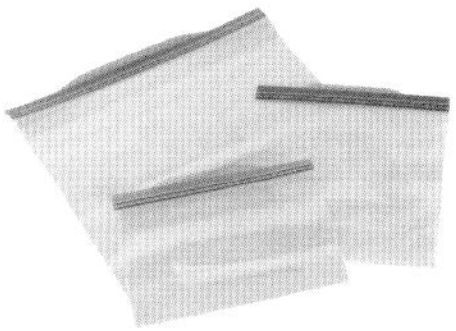

ジッパー付き保存袋
（Lサイズ）
※ポリエチレン製が望ましい

水の入ったペットボトル

**その他の道具**

- バット
- ビニール手袋
- 菜箸
- 梅酢用保存ボトル
- 梅干し用保存容器

# Step 1

## 漬ける ① 下漬け

6月中旬～下旬

赤ジソを使う「赤ジソ梅干し」を漬ける場合、二つの工程があります。
まず、完熟梅が手に入ったら、塩で漬け込む〈下漬け〉をします。
その後、赤ジソに漬け込む〈本漬け〉（32ページ）をします。

Step 1の前に必ず
【下準備】（P.18～19参照）
をしましょう。

### 1

### 保存袋に、梅↓焼酎の順に入れる

ジッパー付き保存袋に梅を入れたら、焼酎を入れて袋を傾けるなどして梅全体になじませる。

Point

梅にまんべんなく焼酎がかかるようにしてください。そうすることで塩がなじみやすくなります。

## 2

### 梅全体に塩をまぶす

塩をまぶしたら、保存袋の上から手でコロコロと転がして塩をなじませる。中の空気を抜いて、袋の口を閉じる。

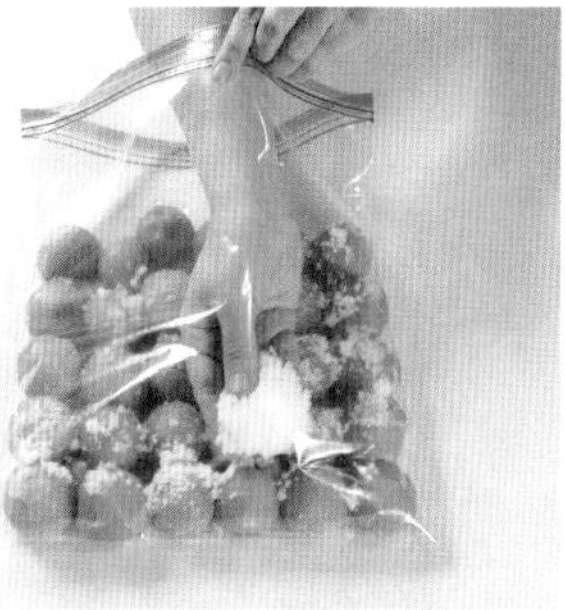

梅や保存袋が傷まないように、やさしく取り扱う

## 3

### 重しを乗せて、梅の水分を抜く

3〜4日後には、梅が隠れるくらいの水分（白梅酢）が上がってくる。重しは、500㎖を2〜3本（梅の分量と同量から1.5倍）乗せる。

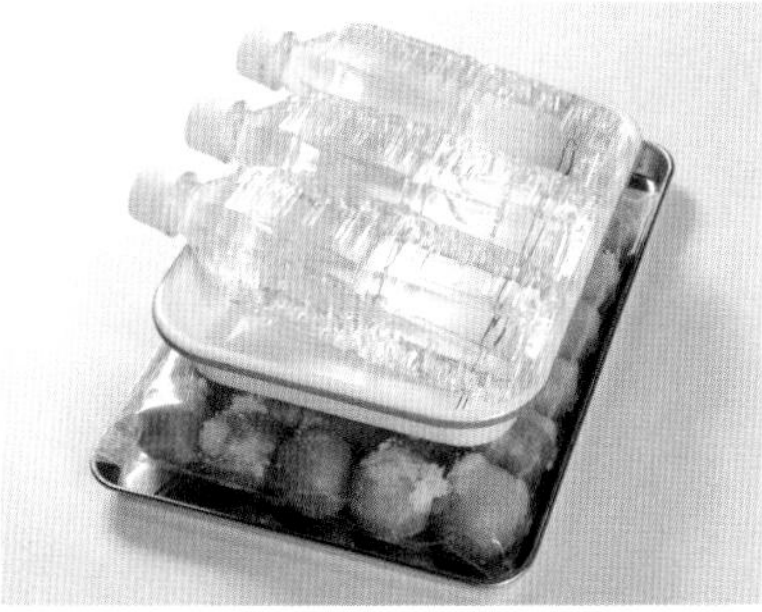

風通しの良い、日の当たらないところに置く

**Point**

- 保存袋が破れたときのために、二重にするかバットを下に敷くとよいでしょう。
- 梅全体が空気に触れず、梅酢に漬かった状態にすることが、カビ予防のポイントです。空気が入っていたら都度抜きましょう。

# Step 1

# 漬ける

## ②本漬け

6月中旬～下旬

### 1

### 赤ジソは枝から葉だけを手でちぎる

葉を破らないように水洗いしたら水気を拭き取り、広げて乾かす。

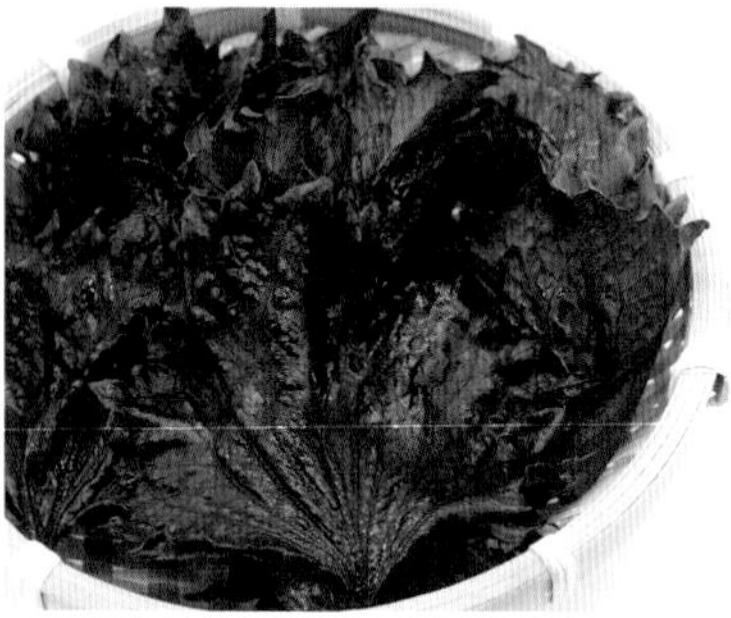

色鮮やかな葉のみを使用。傷んだり緑がかったりした葉は取り除く

**Point**

大きなボウルに水を張り、水を替えながら赤ジソを洗い、汚れを落とします。

## 2

### 塩もみして、アクを捨てる

ボウルに赤ジソを入れ、塩大さじ1をまぶし、よくもむ。アクを捨て、再度塩大さじ1をまぶしてもみ、アクを捨てる。

しっかりしぼってからアクを捨てる

Point

赤ジソに塩をからめながら、体重をかけてしっかりとアク抜きします。

## 3

### 赤ジソと白梅酢を混ぜる

ボウルに31ページ【下漬け 3】の白梅酢をあけたら、赤ジソを加えて混ぜる。色ムラがなくなったら再び保存袋に戻して、よく混ぜる。空気を抜いて口を閉じる。

Point

白梅酢が赤色になったら、全体にいき渡るように保存袋でなじませます。

Step 1

# 漬ける

②本漬け

6月中旬～下旬

## 4

### 重しを乗せて、冷蔵庫で保存

梅の半量の重さで重しをして、冷蔵庫で保存する。

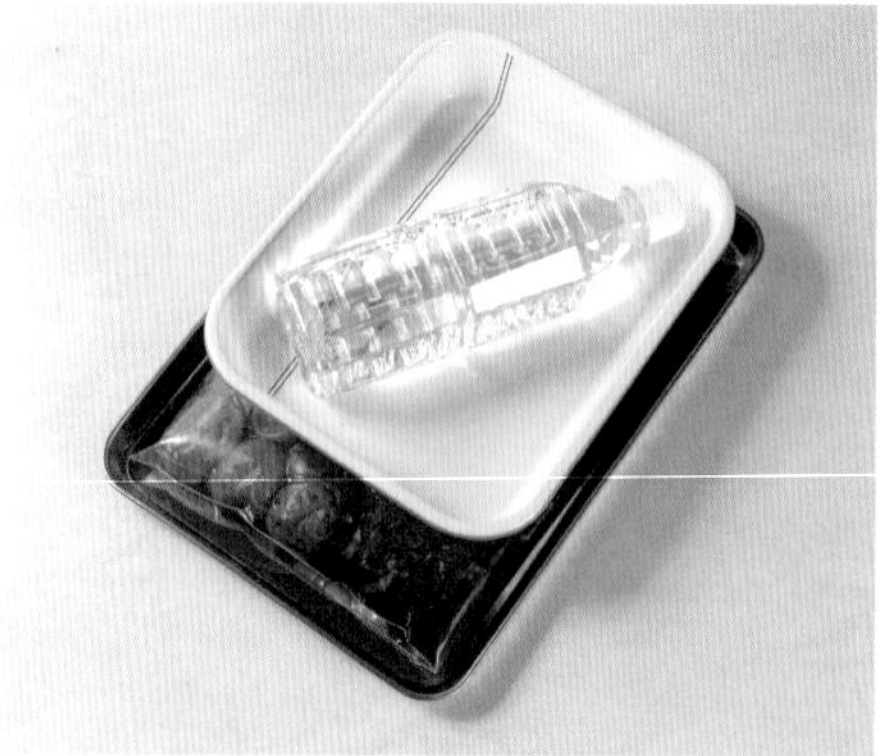

このまま梅雨明けまで待つ

Point

重しは、500ml×1本（梅の分量の半量）がちょうどよいです。

## 梅酢について

梅酢は、梅干しを作った人だけが手に入れられる副産物。梅干し作りの過程で自動的に得られる梅酢は、万能調味料としても大活躍し、さまざまな用途で楽しめます（第４章P.100～を参照）。

また、梅干しを作る際に未熟な梅を使うと、硬くなることがあります。その場合は、梅酢に戻すと皮がやわらかくなります。それでも皮の硬さが気になる場合は、調理して食べるとよいでしょう。

Step 1

# 赤ジソジュースの作り方

甘酸っぱくてさわやかな風味の
赤ジソジュースができます。
ハッとするほど鮮やかな赤色は、
梅雨時のだるさを吹き飛ばしてくれます。

【材料】

赤ジソ（葉のみ）…150g
水…2カップ（400㎖）
砂糖…150g
リンゴ酢またはレモン汁…大さじ2
※本漬けに使えなかった緑色がかった赤ジソの葉も、
　赤ジソジュースにできます。

【作り方】

1. 赤ジソの葉は枝から手でちぎり、葉のみ使用。水洗いをして、ざるにあげて水を切る。

2. 大きめの鍋で水を沸騰させる。赤ジソを加えて菜箸で葉を押さえ、混ぜながら中火で3分ほど煮出す。葉が緑色になったら火を止める。

3. ボウルを当てたざるに**2**をあげる。ヘラで葉をギュッと押して汁気をしぼり出す。

4. **3**の濾し汁を鍋に戻す。砂糖を加えて弱火で３分ほど加熱し、砂糖が溶けたらアクをすくい取る。

5. 火を止めて、リンゴ酢またはレモン汁を加えて混ぜる。

6. 粗熱が取れたら消毒した清潔な容器に移し、冷蔵庫で保存する。

※冷蔵庫で3カ月程度保存可能

## Step 2

# 干す

7月下旬～8月上旬

梅雨明けを待ち、カラッとした晴天の日を3日間選んで、天日干し〈土用干し〉をします。梅を干すことで風味が豊かになり、うま味が凝縮されて保存性も高まります。

## 1

### 梅と赤ジソを天日干しする

① 梅雨が明けたら、梅を竹ざるなどに並べる。赤ジソは、ビニール手袋をして、梅酢をよくしぼってから広げる。

②日中に一度裏返し、夜は室内に取り込む。これを3日間繰り返す。

## 2

### 梅酢を保存する

ジッパー付き保存袋に残った梅酢は、捨てずに使いやすい容器に移して保存する。梅酢の使い方については、96ページ～を参照。

**Point**

- 晴天が3日続くときを確認して干します。万が一、雨が降るなどで3日間干し続けられない場合は、晴れるまで待ちます。少し間が空いてしまっても問題ありません。
- 赤ジソふりかけ(作り方はP.42～43)にする場合は、とくにていねいに葉を広げて干しましょう。

Step 2

# 干す

7月下旬～8月上旬

## 屋外に干しづらい場合

天日干しをする場所がない、または、梅干しは作りたいけれど干すのが大変そう、という方もいるでしょう。そんな方にも、かんたんにできる方法をご紹介します。

1

### 野菜干しネットで干す

屋外でも使えますが、ベランダがない場合や夜に室内に取り込むときにも活躍します。日中は、風通しが良く日の当たる窓辺で使うこともできます。

野菜干しネットは、ホームセンターやインターネットで購入可

## 2

## 干さずにそのまま保存して、梅漬けに

空気の悪い都心やベランダがない場合は、梅を梅酢に漬けたまま保存しましょう。干したものより皮が厚く、実がしっかりした仕上がりになります。

長期間保存すると、梅の実が溶けてしまうので、１年間を目安に食べ切る

## 3

## 「びん（容器）干し」で、干す作業を簡略化

本漬けを終えた梅をジッパー付き保存袋からガラス製などの丈夫なびんに移し、必ずふたを開けた状態で干します。38ページと同様に天日干しにし、夜は室内へ入れます。

びんのまま干して、干し終えたらそのまま冷蔵庫で保存できるので、便利

Step 2

赤ジソを干し終えたら…

# 赤ジソふりかけの作り方

手作りの赤ジソふりかけを、
炊きたてのご飯の上に乗せて味わってみてください。
梅の栄養とうま味が染み込んだ、驚きのおいしさです。

【材料】
梅干し作りで使用した
赤ジソ適量
(P.38の状態のもの)

① 葉をていねいに広げてカラカラになるまで干す。土用干しを終えても乾燥が足りない場合は、さらに2～3日干してパリパリになるまで乾燥させる。

② フードプロセッサーに入れる。何度かに分けて入れて、粉々になるまで砕く。フードプロセッサーがない場合は、すり鉢でも代用可。

③ 細かく粒状のふりかけになったら、消毒した保存容器に入れて、冷蔵庫で保存。色は抜けるが、1年を目安に保存可能。

Step 3

# 保存する

7月下旬～8月上旬

土用干しをしたらすぐに食べられますが、2～3カ月熟成させると、さらにおいしくなります。

## 1 梅干しを保存する容器を消毒する

ホワイトリカーを染み込ませたキッチンペーパーで、容器の内部をまんべんなく拭く。菜箸を使うと便利。

消毒の方法は、P.65 3を参照。

## 2 容器に移したら冷蔵庫で保存する

2～3カ月ほどすると、熟成して味がまろやかに

Point

梅干しの保存容器は、写真のような壺やプラスチック製、ガラス製のものを選びましょう。ただし、ふたが金属製のものは、梅干しの酸と塩が強くて溶ける可能性があるので、避けてください。

## 得 おばあちゃんの知恵 ①

### 梅干し＆梅酢を使った“食べる以外の健康法”

梅の解毒効果は古くから注目され、自然療法としても用いられてきました。

**① 梅干し湿布**

梅干しのタネを取り除き、たたいた梅肉をガーゼに薄く伸ばしたものが梅干し湿布です。

パソコンやスマートフォンの使い過ぎで目が疲れたときは、アイマスクのようにそっと目に当てます。しばらく置いておくと、目の疲れが和らぐといわれています。

**② 梅酢うがい**

喉《のど》の炎症や痛みが気になるときは、梅酢を使ってうがいをするとよいとされています。梅酢をぬるま湯で10倍くらいに薄めてうがいをします。

梅酢には強い抗菌・抗炎症作用があり、喉の痛みの緩和にもつながります。また、梅酢うがいを習慣にすると、風邪やインフルエンザの予防にもなります。

これらは昔からの自然療法なので、ご自身の体調や体質に合わせてお試しください。

# 白梅干し

白梅干しはシンプルに梅のうま味を味わうことができる、赤ジソを入れない梅干しのこと。白干《しらぼ》しや関東干しともよばれています。

## 白梅干し 推しPoint

- 赤ジソを使わないため、〈本漬け〉の工程が省けます。
- シンプルであっさり風味。梅だけの純粋な味と香りを楽しめます。
- 梅のうま味が凝縮し、梅料理に合わせやすくなります。

# 白梅干しの作り方
# 下準備＋３ステップ

赤ジソ梅干しと同様に、６月中旬頃に黄熟した梅が手に入ったら、いよいよスタートです。

まずは**下準備**から始めましょう。

**下準備**が終わったら、**「漬ける」**→**「干す」**→**「保存する」**の３つのStepを順におこないます。赤ジソ梅干しと異なり、白梅干しの場合はStep1の漬ける工程は**「下漬け」**のみです。

それぞれの作業の時期の目安は、下のカレンダーでご確認ください。

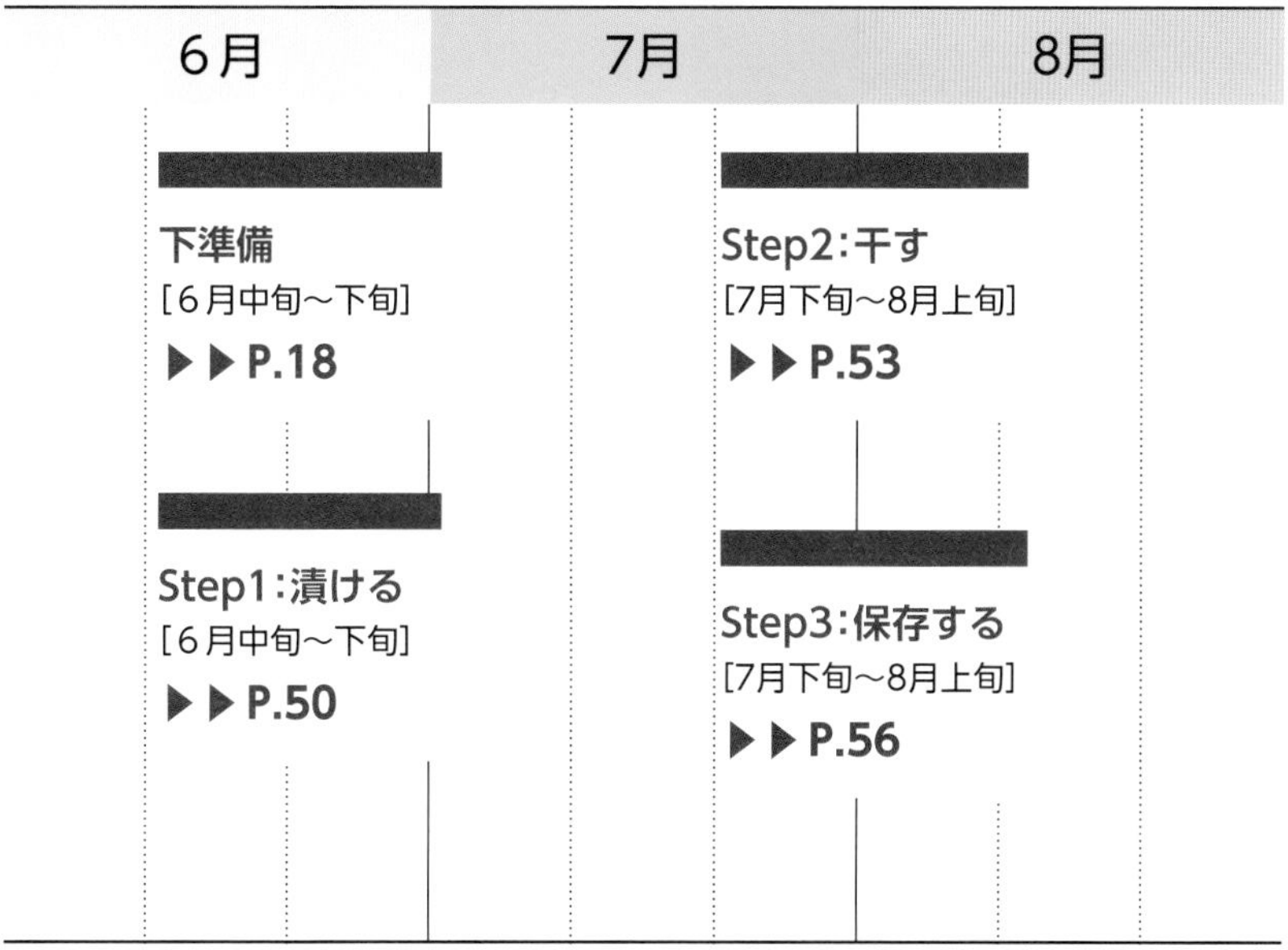

## 材料

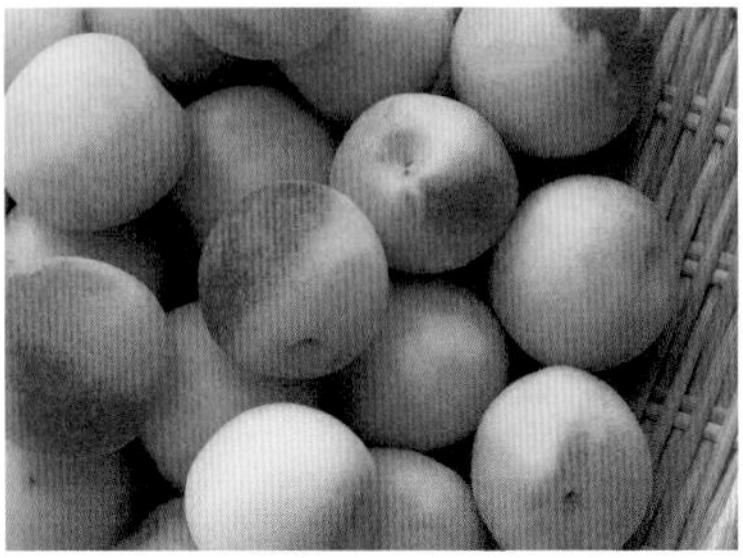

**《完熟梅（黄熟梅）》…1kg**

果肉たっぷりの3L以上のサイズがおすすめ。最低でも2L以上で

**《塩》（粗塩）**

※梅干し用…130g（塩分13％）

天然塩でしっとりした粗塩
初めての方は13％で作り、慣れてきたらお好みで10％まで下げても可

**《焼酎（35度）》…大さじ2**

35度以上。「ホワイトリカー」がおすすめ

## 道具

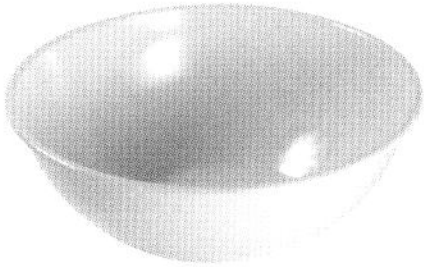
ボウル

竹ざる

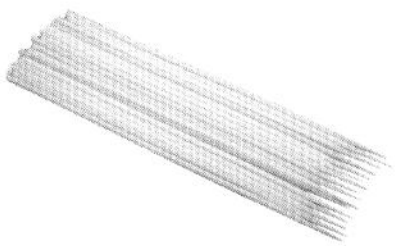
竹串
(つまようじでも可)

キッチンペーパー

計量スプーン

はかり

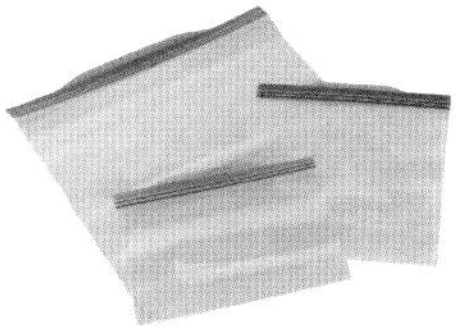
ジッパー付き保存袋
(Lサイズ)
※ポリエチレン製が望ましい

水の入ったペットボトル

| | |
|---|---|
| **その他の道具** | ・バット<br>・ビニール手袋<br>・菜箸<br>・梅酢用保存ボトル<br>・梅干し用保存容器 |

# Step 1

## 漬ける

### 下漬け

6月中旬～下旬

白梅干しを漬ける場合は、〈下漬け〉のみをおこないます。完熟梅が手に入ったら、塩で漬け込み始めましょう。

### 1

#### 保存袋に、梅↓焼酎の順に入れる

ジッパー付き保存袋に梅を入れたら、焼酎を入れて袋を傾けるなどして梅全体になじませる。

Step 1の前に必ず【下準備】(P.18～19参照)をしましょう。

**Point**

梅にまんべんなく焼酎がかかるようにしてください。そうすることで塩がなじみやすくなります。

## 2

### 梅全体に塩をまぶす

塩をまぶしたら、保存袋の上から手でコロコロと転がして塩をなじませる。中の空気を抜いて、袋の口を閉じる。

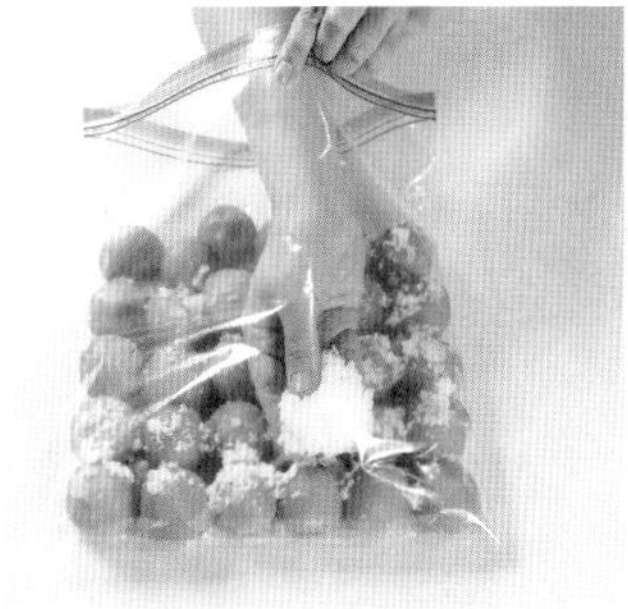

梅や保存袋が傷まないように、やさしく取り扱う

## 3

### 重しを乗せて、梅の水分を抜く

３～４日後には、梅が隠れるくらいの水分（白梅酢）が上がってくる。重しは、５００㎖を２～３本（梅の分量と同量から1.5倍）乗せる。

風通しの良い、日の当たらないところに置く

**Point**

- 保存袋が破れたときのために、二重にするかバットを下に敷くとよいでしょう。
- 梅全体が空気に触れず、梅酢に漬かった状態にすることが、カビ予防のポイントです。空気が入っていたら都度抜きましょう。

## 4

### 重しを乗せて、冷蔵庫で保存

梅の半量の重さで重しをして、冷蔵庫で保存する。

このまま梅雨明けまで待つ

**Point**

重しは、500ml×1本(梅の分量の半量)がちょうどよいです。

# Step 2

## 干す

7月下旬～8月上旬

梅雨明けを待ち、カラッとした晴天の日を３日間選んで、天日干し〈土用干し〉をします。干すことで風味が豊かになり、うま味が凝縮されて保存性も高まります。

### 1

### 梅を天日干しする

①梅雨が明けたら、梅を竹ざるなどに並べる。

②日中に一度裏返し、夜は室内に取り込む。これを３日間繰り返す。

干す工程は、赤ジソ梅干しと同じ

**Point**

近年は気温が高いので、干し過ぎに注意。好みの干し加減になるように、２日目の夕方に梅干しの皮を軽くつまんで干し加減をチェックしましょう。通気性の良い竹ざるを使うことが理想ですが、なければ陶器の平皿でも可能です。できるだけ日当たりと風通しの良い場所を選びましょう。

Step 2

# 干す

7月下旬～8月上旬

## 2

### 梅酢を保存する

ジッパー付き保存袋に残った梅酢は、捨てずに使いやすい容器に移して保存する。

梅酢の使い方については、P.96～を参照。

## 屋外に干しづらい場合

天日干しをする場所がない方や、梅干しは作ってみたいけれど干すのが大変そう、という方もいるかもしれません。

そんな方でも、かんたんにできる方法をご紹介します。

### 野菜干しネットで干す

### 干さずにそのまま保存して梅漬けに

### 「びん（容器）干し」で、干す作業を簡略化

それぞれの詳しい方法についてはP.40～41を参照してください。

Step 3

# 保存する

7月下旬～8月上旬

土用干しをしたらすぐに食べられますが、2～3カ月熟成させると、さらにおいしくなります。

## 1 梅干しを保存する容器を消毒する

ホワイトリカーを染み込ませたキッチンペーパーで、容器の内部をまんべんなく拭く。菜箸を使っても便利。

消毒の方法は、P.65 3を参照。

## 2 容器に移したら冷蔵庫で保存する

2～3カ月すると、熟成して味がまろやかになる。

2～3カ月ほどすると、熟成して味がまろやかに

**Point**

梅干しの保存容器は、写真のような壺やプラスチック製、ガラス製のものを選びましょう。ただし、ふたが鉄製のものは、梅干しの酸が強くて溶ける可能性があるので、避けてください。

## ひと手間で楽しめる 梅干しアレンジ

### ＊ハチミツ梅干し

～やさしいハチミツ風味の梅干しに変身！～

梅干しの塩分が気になる方や、酸味が苦手な方におすすめのレシピ。レシピ分量では甘さ控えめなので、ハチミツの分量をお好みで調整してください。塩分が少なくなると日持ちしにくくなるので、少量ずつ作ってみてください。

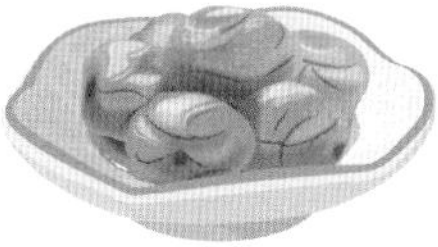

【材料】

・白梅干し（または下漬け梅干し）…大10個
・水…1/4カップ（50㎖）
・ハチミツ…100ｇ

【作り方】

**1** ボウルに梅干しとひたひたの水（分量外）を入れて、半日塩抜きする。

**2** 梅干しをざるにあげ、水気を拭き取る。

**3** ホーロー鍋に水とハチミツを入れて煮沸させ、冷ます。

**4** ジッパー付き保存袋に梅干しを入れて**3**を注ぎ、5日間冷蔵庫で寝かせる。

※冷蔵庫で1～2カ月保存可能

### ＊梅干しのタネのしょうゆ漬け

～タネも捨てずにまるごと活用～

タネにもうま味成分や栄養素が豊富に含まれています。梅肉を使い終えたタネを、小びんに入れてしょうゆを注ぐと、一晩で“香りの良い梅風味しょうゆ”の出来上がり。タネもしょうゆもつぎ足しOKです。

## 得 おばあちゃんの知恵 ②

### 気軽に取り入れたい　梅醤番茶《うめしょうばんちゃ》

日本で古くから健康茶として親しまれている「梅醤番茶」をご存じでしょうか。

作り方はとてもかんたん。湯飲みにちぎった梅干しを入れ、おろしショウガ適量としょうゆを数滴垂らしたら、番茶を注ぐだけ。それぞれの分量は、自分がおいしいと感じるくらいがベストです。

梅干しのクエン酸が代謝を促し、加熱したショウガが体内から熱を作り出して血流を良くするなど、自然と免疫力アップにもつながります。さらに、梅干しやしょうゆの塩分には、疲労回復効果があります。風邪のひき始めや体の冷えを感じたとき、体の調子を整えたいときにも取り入れてください。

また、一般的に空腹時や食前に飲むのがよいとされているので、目覚めの一杯にもおすすめです。

# 第2章

# スッキリ・さわやか<br>梅シロップ

# 梅シロップについて

梅しごとのなかでも、早い時期に完成する梅シロップ。
蒸し暑い日に飲む、梅シロップの炭酸水割りは格別のおいしさです。
梅のやさしい甘酸っぱさと炭酸の爽快さは、疲れた心も体も生き返らせてくれます。

大人になると「ジュースが飲みたい」と思うことはそれほど多くないかもしれませんが、
梅シロップは別ものです！　飲んだことのない方にも、ぜひ味わっていただきたいです。
梅シロップは、青梅でも完熟梅でもどちらでも作ることができます。青梅ならスッキリと
さわやかな酸味に仕上がり、完熟梅はフルーティでジューシーな甘味が特徴です。

本書では、冷凍梅を使った梅シロップの作り方を紹介しています。
冷凍梅を使うと、梅の繊維が壊れて梅のエキスを抽出しやすくなるので、生の梅と比べて
早く仕上がります。

また、熟成期間と腐敗リスクは比例します。梅の季節は室温が高くなりますが、冷凍梅を
使うことで時間短縮になり、腐敗リスクが低くなるというメリットもあります。

## 作るときに気をつけること

梅シロップは、作り方によっては腐らせてしまうことがあるので、以下の点に注意しましょう。

✓梅や容器を洗ったときの水気が残ると腐敗しやすくなります。水気はしっかり拭き取ってください。

✓砂糖が溶けるのに時間がかかり過ぎたり、梅が砂糖でコーティングされていなかったりすると、腐敗しやすくなります。梅からエキスがたっぷり出るよう、2L以上の大きさの梅を使い、梅が砂糖でつねにコーティングされた状態をキープするため、砂糖が溶けるまで1日に2～3回、容器を揺すりましょう。

## 材料

**《梅》**

2L以上の大きさで、果肉量の多いふっくらした梅がおすすめ。青梅でも完熟梅でも可。完熟梅を使うと、熟成期間を短くできる。

### 砂糖

**《氷砂糖》**

スッキリとしたくせのない甘さが特徴。無色透明の純度の高い砂糖なので雑味がなく、梅の純粋な風味を楽しめる。

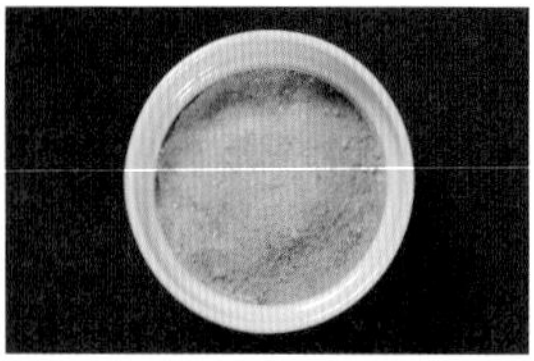

**《きび砂糖》**

精製途中の砂糖液を煮詰めて作る。黒糖ほどではないが、ミネラルも含まれる。くせが少なく、梅とも相性が良い。

**《てんさい糖》**

スッキリとした甘さと独特なコクが特徴。原料は砂糖大根（別名ビート）という野菜で、国内ではほとんどが北海道産。栄養豊富なオリゴ糖を含む。

**《グラニュー糖》**

サラサラとして、純度の高い淡泊な甘さが特徴。しっとりして甘さが強く、コクのある上白糖に対し、味にくせがなく甘さは控えめ。

### 《中双糖《ちゅうざらとう》（ザラメ）》

結晶がグラニュー糖より大きい粒状で黄褐色の砂糖。表面にカラメルがコーティングされ、独特の風味とコクがある。

### 《ハチミツ》

原材料は花の蜜。ビタミンやミネラルなどが含まれていて栄養価が高く、カロリーが低い。砂糖の3分の1程度の量で同じ甘味が出てヘルシー。

## 酢

### 《リンゴ酢》

リンゴを発酵させて作る。リンゴの栄養成分が含まれた、フルーティで甘酸っぱい風味が特徴。果実酢の中でもミネラルが多く含まれている。

### 《黒酢》

長時間じっくりと発酵させて作る酢。コクがあり、芳醇な香りとまろやかな味わいが特徴。他の穀物酢や果実酢よりも多くのアミノ酸が含まれている。

## 【道具】

- 竹串（つまようじでも可）
- ジッパー付き保存袋
- 計量カップ
- はかり
- 梅シロップ用保存容器
（1.5ℓ以上がおすすめ）

# 基本の梅シロップの作り方

「梅シロップを早く飲みたい！」そんな方は、ぜひ梅の出回り始めの青梅を使って、早めに仕込みましょう。梅シロップは、憂うつになりがちな梅雨どきのひそかな楽しみになってくれるはずです。

【材料】

・梅…500g
・氷砂糖…400g

## 1 下準備（18〜19ページ参照）

## 2 冷凍させる

ジッパー付き保存袋へ入れて、24時間冷凍庫へ。冷凍させることで梅の繊維が壊れ、梅エキスが抽出されやすくなる。

梅が重ならないようジッパー付き保存袋に入れ、平らな状態で冷凍保存

Point

- 洗って冷凍した「冷凍梅」は、オンラインショップなどで一年中購入できます。
- 冷凍梅は1年くらい冷凍保存できるので、四季を通して楽しめます。

## 3

### 梅シロップを保存する容器を消毒する

ホワイトリカーを染み込ませたキッチンペーパーで、容器の内部をまんべんなく拭く。菜箸を使うと便利。

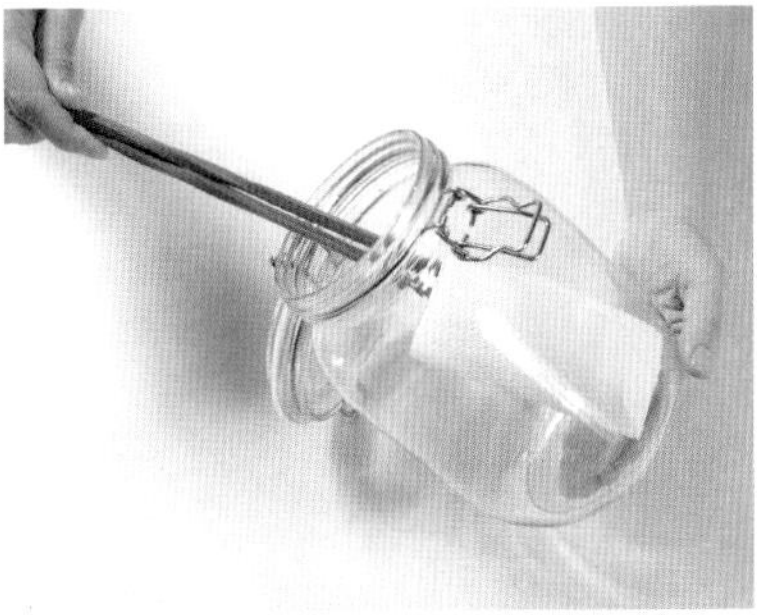

## 4

### 容器に冷凍梅と氷砂糖を交互に入れる

風通しの良い、日の当たらないところに置く

**Point**

ホワイトリカーの代わりに食品用アルコールスプレーも使いやすいです。

## 5

### 容器を1日2〜3回揺する

梅エキスが浸出して氷砂糖が溶け始める。つねに梅に砂糖がコーティングされている状態を保つように、容器を揺する。

## 6

### 冷蔵庫で保存する

漬けてから2〜3週間して、梅がしおれてきたら、完成。

しおれた梅は、清潔な菜箸などを使って引き上げる

**Point**

梅にシロップがかかっていないと腐敗する可能性があるので、注意しましょう。

コラム

## 「ホット梅シロップ」もおすすめです。
### 冷たい飲みもののとり過ぎは、夏バテの原因に

◆◆◆◆◆◆

暑い季節、氷たっぷりのキンキンに冷えた飲みものは、体のほてりを冷ましてくれるようでおいしく感じますね。

でも、冷たい飲みものには注意が必要です。とり過ぎると、胃腸が冷えて血流が悪化します。すると胃腸の働きも悪くなり、消化不良になってしまいます。

さらにこの冷たい刺激は、消化不良と相まって下痢を引き起こしたり、「疲労感が抜けない」「体がだるい」「食欲がない」などの夏バテ状態に陥ったりすることもあります。

胃腸が冷えていると感じたら、ホット梅シロップがおすすめです。暑い時期の温かい飲みものに抵抗がある方は、常温で飲むだけでも胃腸への負担は軽くなります。

あなたの大切な体をいたわってあげてくださいね。

# いろんな梅シロップ10選

基本の梅シロップの作り方（64ページ参照）をベースに、砂糖の種類を変えたりお酢を加えたりすることで、さまざまな風味の梅シロップを楽しむことができます。砂糖が溶けるのに時間がかかるのは、中双糖・きび砂糖・てんさい糖を使ったレシピで、逆に砂糖が溶ける時間が短いのは、お酢やハチミツを使ったレシピです。

## 氷砂糖&グラニュー糖梅シロップ

スッキリしているのに、どこか懐かしい素朴な味わいに

【材料】

・梅…500g
・氷砂糖…200g
・グラニュー糖…200g

《飲み頃》

漬けてから2〜3週間して、梅がしおれてきたら完成です。梅の実の引き上げは1カ月後でもよいですが、「梅シロップアレンジ（P.76）」を楽しむなら、梅の実はしおれ過ぎていないものがおすすめです。

## 中双糖《ちゅうざらとう》梅シロップ

カラメルの香ばしい風味が
昭和レトロな味

【材料】

- 梅…500g
- 中双糖…400g

## きび砂糖梅シロップ

サトウキビ由来の独特なコクがあり、
濃厚で深い味

【材料】

- 梅…500g
- きび砂糖…400g

## てんさい糖梅シロップ

他の砂糖より甘さ控えめで、
さっぱりとした仕上がりに

【材料】

- 梅…500g
- てんさい糖…400g
（甘い方が好きなら450g）

## ハチミツ梅シロップ

ハチミツで作ると
梅本来の味や香りが濃厚に

【 材料 】

- 梅…500g
- ハチミツ…400g

## リンゴ酢梅シロップ

梅と果実酢、Wのフルーツが
香るシロップ

【 材料 】

- 梅…500g
- 氷砂糖…400g
- リンゴ酢原液
  …1カップ(200mℓ)

## 黒酢梅シロップ

梅と黒酢の酸味が調和した
まろやかで奥ゆきのある味わい

【 材料 】

- 梅…500g
- 氷砂糖…400ｇ
- 黒酢原液
  …1カップ(200mℓ)

## 梅ジンジャーシロップ

ショウガがアクセント。
お湯割りで体がポカポカに

【 材料 】

- 梅…500g
- ショウガスライス…150g
- 氷砂糖…250g
- ハチミツ…250g

※ショウガは皮をむいてスライスする。漬け込み１週間後、ショウガのみ引き上げる。

## 完熟梅シロップ

フルーティでジューシーな
甘い風味が特徴

【 材料 】

- 梅（完熟梅）…500g
- 氷砂糖…400g

## パープルクイーンシロップ

ほんのり甘酸っぱい風味で
華やかな赤色が美しい

【 材料 】

- 梅（パープルクイーン）…500g
- 氷砂糖…400g

# 梅シロップ×ノンアルコールで楽しむ 4選

市販のノンアルコール飲料に梅シロップを加えるだけで、おしゃれなノンアル梅酒カクテルに。

梅シロップの風味が豊かで満足度もアップ。

お酒が苦手な方や飲み過ぎてしまう方も楽しめます。

## 1 ハイボール

梅シロップのまろやかさとキリッとしたハイボール風味がよく合う

**おすすめの比率**

梅シロップ **1**
：
ノンアルコール
ハイボール **2**

## 2 ビール

ビールが苦手な方にも飲みやすい、フルーツビアの味わい

**おすすめの比率**

梅シロップ **1**
：
ノンアルコール
ビール **3**

## 4 レモンサワー

梅とレモンそれぞれの酸味が
やさしく融合されたサワー

**“甘くないタイプ”** がおすすめです。

レモンサワーはメーカーによって
糖度に差があるので、
お好みの比率でお楽しみください。

## 3 スパークリングワイン(白)

上品な味と香りを楽しめて、
見た目も素敵

**おすすめの比率**

梅シロップ **1**
：
ノンアルコール
スパークリングワイン(白) **3**

コラム

## 二十四節気七十二候でたどる「梅」のお話
### 〜梅シロップ&赤ジソジュースで心も体も晴れやかに〜

1年を24等分して、それぞれの季節の移ろいを表すことを、二十四節気といいます。6月5日〜20日頃までの二十四節気は「芒種《ぼうしゅ》」とよばれ、稲の穂先にある針のような突起を、芒（のぎ）といいます。この頃から、雨雲が増えて蒸し暑くなります。

1年を72等分して、それぞれの季節の移ろいを表すことを、七十二候といいますが、6月16日〜20日頃までの七十二候は、「梅子黄」（うめのみきばむ）とよばれ、梅の実が黄色に色付くという、梅の熟成を示します。そして「梅雨」は、梅の実が熟す季節に長雨が降ることから、そうよばれているという説があります。

梅雨の時季は、特有のじめじめした空気で、なんとなく体が重だるくなったり、くよくよ考え過ぎたり落ち込んだり、気持ちも沈みがちになりますよね。

この根本的な原因は、水分代謝が悪くなることだといわれています。水分が溜まって体がむくむと、血管が圧迫されて血液の巡りも悪くなります。そのため「血」が足りない「血虚《きょけつ》」に陥ります。これでは肌や臓器に栄養が行き渡らなくなり、力が出ず、ツヤのない顔になり、調子が悪くなってしまいます。

このような不調は心にも影響し、元気がなく何事にも積極的になれないといったように、心がくもった状態が続きます。

梅や赤ジソには、体内の余分な水分を排出する役割があるので、「梅シロップ」（64〜78ページ）や「赤ジソジュース」（36〜37ページ）を飲むと、心と体がスッキリします。

さわやかな飲み心地で、体に染み入るおいしさの梅シロップや赤ジソジュースからパワーをもらえるので、一日の始まりの朝に飲むのもおすすめです。

梅雨どきこそ、心も体も晴れやかに過ごしたいですね。

## 梅シロップの実を使ったアレンジ

### 梅酢に漬け込んで
### 「梅干し風」に

（梅干しに近い味になります）

ジッパー付き保存袋に梅シロップの実と梅酢を入れ、10日間待ちます。しっかり漬かるよう、実が重ならないように並べ、できるだけ保存袋の空気を抜きましょう。

基本の梅シロップの実（P.66 6でびんから引き上げたもの）を使って

### 無糖の紅茶で煮込んで
### 「お茶請け」に

小鍋に梅シロップの実と紅茶をひたひたまで入れ、15分弱火で煮込んで冷まします。

完熟梅シロップの実（P.71のびんから引き上げたもの）を使って

# 梅シロップをかけるアレンジ

## かき氷に使って<br>「梅シロップかき氷」に

天然の栄養成分豊富な梅シロップで、
スッキリした甘さです。

P.69 中双糖
梅シロップ
を使って

## フルーツポンチにかけて<br>「梅風味のフルーツポンチ」に

いつものシロップを梅シロップの炭酸水割りに代えて、
のどごし・爽快感アップ。

P.68 氷砂糖 &
グラニュー糖の梅
シロップを使って

## さまざまなアレンジドリンク

梅シロップは、炭酸水割りや水割り以外にも
アレンジがたくさん

### 炭酸水割り×ミント

ミントを指でつぶすと、
より清涼感があふれます

### お湯割り×シナモンパウダー

シナモンが梅の風味を引き立て、
体が温まります

### グレープフルーツジュース割り

梅はフルーツなので、
他のフルーツとも相性
が良いです

### トマトジュース割り

梅×トマトは名コンビ。濃厚な
味わいが楽しめます

# 第3章

# じっくり味わう梅酒

# 梅酒について

さわやかな香りとやわらかい酸味、華やかな味わいの梅酒は、昔から多くの人を魅了し続けてきました。

ホワイトリカーと氷砂糖を使った昔ながらの梅酒もシンプルでおいしいですが、アルコールや砂糖などの材料を変えることで、さまざまな梅酒を楽しむことができるようになります。「梅酒の実を食べるのが好き」という方は、黄色い完熟梅で作るとよいでしょう。完熟梅は皮が薄いので、梅の実がしわしわになりにくい特徴があります。

また、「何年物」のように長期保存したい場合は、雑味の出にくい青梅とアルコール度数が高い（30〜40度）ホワイトリカーなどのお酒の組み合わせがおすすめです。

逆に「早く飲みたい」という方は、梅エキスたっぷりの完熟梅と日本酒や本格焼酎などアルコール度数が低い（20〜25度）お酒を組み合わせると、まろやかに仕上がります。さらに、食欲をかき立てる食前酒や、バニラやチョコレートなどのアイスクリームにかけて、おしゃれな大人のデザートとして味わうこともできます。

梅酒はとにかく飽きません。ぜひその魅力を堪能してくださいね！

## 作るときに気をつけること

梅酒は、作り方によっては腐らせてしまうことがあるため、注意が必要です。

✔ 梅や容器を洗った際に水気が残ると、腐敗しやすくなります。水気はしっかり拭き取ってください。

✔ 傷みのある梅や、熟し過ぎた梅の使用は避けましょう。

✔ 直射日光の当たらない場所で常温保存してください。室温が低めで、風通しの良いところが理想です。アルコール度数が低いお酒と完熟梅の組み合わせは熟成しやすい反面、腐敗のリスクもあります。猛暑時の室温に注意してください。

〚材料〛

# 梅

2L以上の大きさの、果肉量の多いふっくらした梅がおすすめです。
青梅でも完熟梅でもどちらでも作ることができます。
お好みで選んでください。

## 青梅

スッキリとさわやかな酸味が特徴。雑味が出にくい。長期保存向き。熟成期間が長く、飲み頃になるまで時間がかかる。

## 完熟梅

フルーティでジューシーな甘味が特徴。雑味が出やすいので、1年以内に飲むことがおすすめ。熟成期間が短く、早く飲み頃を迎える。

# 砂糖

昔から梅酒には氷砂糖が定番ですが、いろいろな砂糖で作ることができます。

本書では、砂糖控えめのレシピを提案しています。

出来上がったら、その日の気分できび砂糖やハチミツなどのお好きな甘味料をグラスに少し加えてもよいでしょう。

## 【材料】

### 《氷砂糖》
スッキリとしたくせのない甘さ。無色透明で純度が高く雑味がないため、より食材の風味が楽しめる。ゆっくり溶け、梅エキスをじっくりと引き出す。

### 《黒糖》
サトウキビのしぼり汁を煮詰めて作る。独特のコクがあり風味が強い。ミネラル分、ビタミン類、たんぱく質を含み、栄養価が非常に高い。

### 《きび砂糖》
精製途中の砂糖液を煮詰めて作る。黒糖ほどではないが、ミネラルも豊富。くせが少なく、梅とも相性が良い。

### 《てんさい糖》
スッキリとした甘さと独特なコクが特徴。原料は砂糖大根（別名ビート）という野菜で、国内ではほとんどが北海道産。栄養豊富なオリゴ糖を含む。

### 《中双糖《ちゅうざらとう》（ザラメ）》
結晶がグラニュー糖より大きい粒状で黄褐色の砂糖。表面にカラメルがコーティングされ、独特の風味とコクがある。

### 《ハチミツ》
独特の香りと濃厚な味わいが特徴。原材料は花の蜜。ビタミンやミネラルなどを含み、栄養価が高い。少量で甘味が出るうえ、カロリーが低い。

# アルコール

梅酒の風味は、アルコールによって大きく変わります。アルコール度数20～40度くらいのお酒が梅酒作りに向いています。
それぞれのお酒の風味を生かした梅酒を楽しみましょう。

## 材料

**《ホワイトリカー》**

アルコール度数35度。果実酒用に作られた無味無臭の甲類焼酎。安価で、家庭で作る梅酒の定番。くせがないので、素材がもつ本来の風味を最大限に引き出す。時間をかけて熟成させることで味がまろやかになる。長期保存向き。

**《本格焼酎》**

アルコール度数20度と25度のものが多い。大麦が原料の「麦焼酎」、サツマイモが原料の「芋焼酎」、米が原料の「米焼酎」、黒糖が原料の「黒糖焼酎」などがある。ホワイトリカーより短い漬け込み期間で熟成する。

**《日本酒》**

アルコール度数は15度前後のものが多いが、酒税法により20度以上のものしか使用できない。原料の米・麹・水を発酵させ、漉して造られる。果実酒用に作られた20度の日本酒もあり、比較的安価で使いやすい。

**《ブランデー》**

梅酒作りには35～37度くらいのものが好ましい。果物を原料とした蒸留酒で、ほのかに甘く芳醇な香りがする。果物が原料のため、果実酒作りに向いている。果実酒用のブランデーもあり、比較的安価で使いやすい。

**◆酒税法について◆**

酒税法で使用できる酒類は、アルコール度数が20度以上のもので、酒税が課税済のものとされています。また、米、麦、アワ、トウモロコシ、ブドウなどは家庭で漬け込むことや、家庭で漬け込んだ酒類の販売が禁じられています。

## 【材料】

### 《ウイスキー》
アルコール度数40％前後のものが多い。大麦、ライ麦、トウモロコシなどの穀物を原料とし、糖化・発酵・蒸留の工程でできた原酒を木樽に入れ、寝かせて造る蒸留酒。味や香りはさまざまで、梅酒にするとまろやかに。

### 《ウォッカ》
アルコール度数40％前後のものが多い。小麦など穀物を原料とした蒸留酒。ウォッカ発祥のロシアや一部の北欧では、ジャガイモなどのイモ類も使用。無味無臭に近くてくせが少なく、スッキリした味わいで梅酒作りにも向く。

### 《ジン》
アルコール度数40％前後のものが多い。大麦、ジャガイモ、ライ麦などが原料の蒸留酒。ジュニパーベリーという植物で香りづけされ、柑橘系のさわやかな香りとほんのり苦味もある。華やかな香りの梅酒が作れる。

### 《ラム酒》
アルコール度数40％前後のものが多い。原料はサトウキビで、甘い香りが特徴の蒸留酒。「ゴールドラム」「ホワイトラム」「ダークラム」のうち、3年以上樽熟成した濃い褐色の「ダークラム」で梅酒を作ると奥深い味わいに。

### 《テキーラ》
アルコール度数40％前後のものが多い。メキシコでのみ生産が許されている。リュウゼツランという植物から造られている蒸留酒。アルコール度数が強いお酒と誤解されることもあるが、実はウイスキーやブランデーと同程度の度数。

## 【道具】

- ボウル
- 竹ざる
- キッチンペーパー
- 竹串（つまようじでも可）
- 計量カップ
- はかり
- 梅酒用保存容器（1.7ℓ以上がおすすめ）

# 基本の梅酒の作り方

昔から家庭の梅酒作りの定番は、「ホワイトリカー」×「氷砂糖」の組み合わせ。無味無臭のホワイトリカーと純度の高い氷砂糖を使い、梅本来の風味を最大限に引き出すレシピです。

【材料】

- 生梅…500g
  冷凍梅を使うと、熟成期間が短縮される
- ホワイトリカー
  …900㎖
- 氷砂糖…150g

## 1

下準備（18～19ページ参照）

## 2

### 梅酒を保存する容器を消毒する

ホワイトリカーを染み込ませたキッチンペーパーで、容器の内部をまんべんなく拭いて消毒する。

Point

容器を拭く際、菜箸を使うと便利です。

## 3

### 容器に冷凍梅と氷砂糖を交互に入れ、ホワイトリカーを注ぐ

## 4

### 容器を1日2〜3回やさしく揺する

漬け始めは、砂糖を溶かすように揺するとよい。

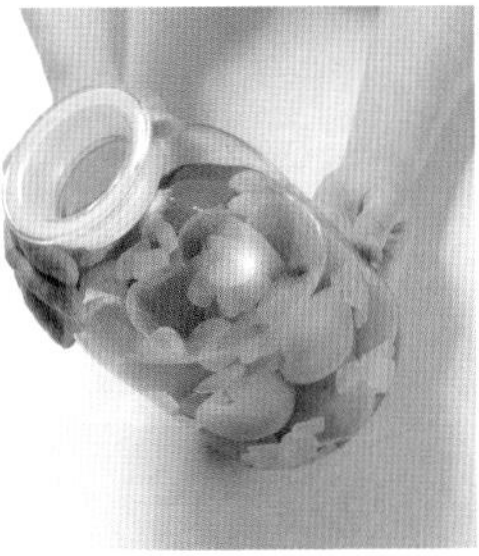

## 5

### 常温で保存する

熟成期間が長いほど、口当たりが良くまろやかに

**Point**

容器を揺すると熟成が早まりますが、そのまま置いておいても問題ありません。

# 梅酒おすすめ10選

さまざまな砂糖やアルコールを組み合わせた、とっておき&ちょっと変わった10種類の梅酒レシピを大公開。基本の梅酒(86ページ参照)とはひと味違った味わいをお楽しみください。

## 黒糖焼酎梅酒

黒糖焼酎に、さらに黒糖を加えることで、梅の風味が生きた梅酒に

【 材料 】

・梅…500g
・黒糖焼酎…900㎖
・黒糖…100g
・氷砂糖…50g

《飲み頃》

本格焼酎(黒糖焼酎含む)や日本酒は2カ月後、その他は3カ月後頃から飲み始められますが、半年くらい置くとよりまろやかに飲めます。好みの味になるまで寝かせましょう。梅の実を引き上げる場合は、梅エキスが浸出された漬け込み1年後がよいでしょう。

## 日本酒梅酒

まろやかで飲みやすいので、
ホワイトリカーが苦手な方にも

【 材料 】

・梅…500g
・日本酒(20度)
…900mℓ
・氷砂糖…150g

## ブランデー梅酒

ブランデーの高貴な香りと黒糖のコクで
梅の風味を引き立てる

【 材料 】

・梅…500g
・ブランデー…900mℓ
・黒糖…150g

## ウイスキー梅酒

スモーキーな梅酒。
ハイボール好きの方は炭酸水割りで

【 材料 】

・梅…500g
・ウイスキー…900mℓ
・氷砂糖…150g

## ウォッカ梅酒

懐かしい風味のきび砂糖がアクセントのやさしい梅酒

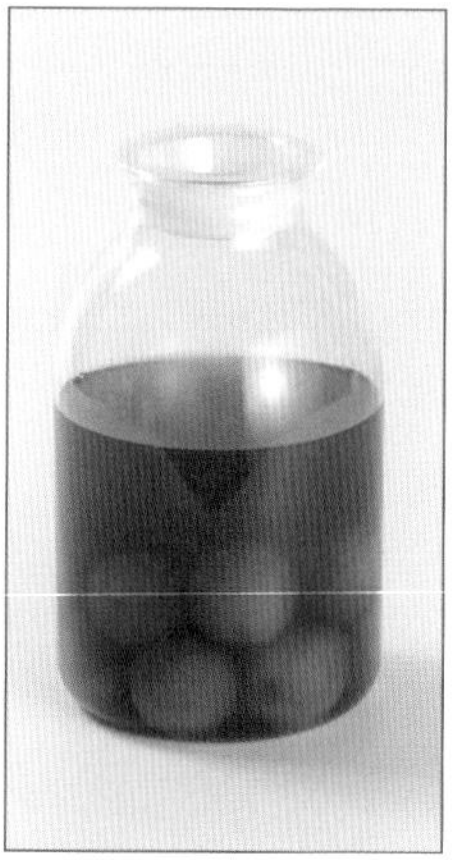

【材料】

・梅…500g
・ウォッカ…900㎖
・きび砂糖…150g

## ジン梅酒

ジン特有の芳醇な香りと梅酒の甘酸っぱさが華やかに融合

【材料】

・梅…500g
・ジン…900㎖
・てんさい糖…170g

## ラム梅酒

ラム酒の深いコクのなかに、ザラメのカラメル風味が効く

【材料】

・梅…500g
・ラム酒(ダークラム酒)…900㎖
・中双糖…150g

## テキーラ梅酒

ショットグラスで奥深い余韻を
ゆっくり楽しむ大人の梅酒

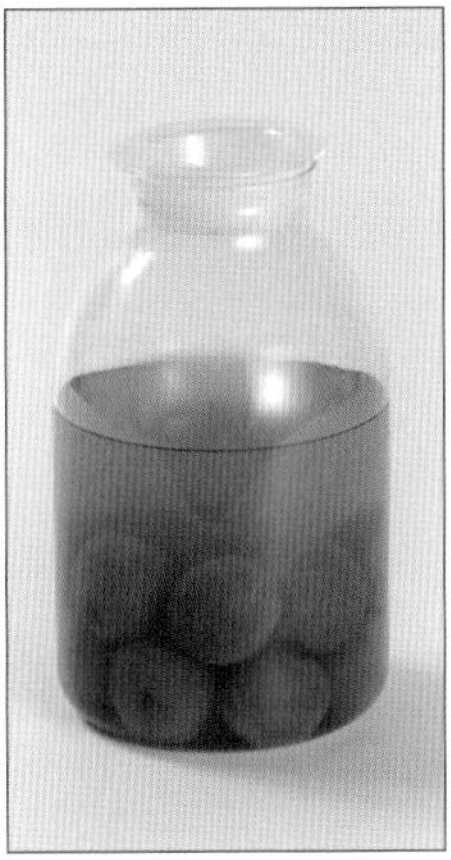

【材料】

- 梅…500g
- テキーラ…900mℓ
- 氷砂糖…100g
- ハチミツ…50g

## 紅茶梅酒

梅の甘酸っぱさと
やわらかい紅茶風味に癒される

【材料】

- 梅…500g
- ホワイトリカー…900mℓ
- 氷砂糖…150g
- 紅茶ティーバッグ…2〜3個

※ひもを切って漬け込む。渋みが出るので、漬け込み2日後にティーバッグのみを引き上げる。

## スパイシー梅酒

ピリッとスパイスが効いた
辛い梅酒

【材料】

- 梅…500g
- ホワイトリカー…450mℓ
- ブランデー…450mℓ
- 氷砂糖…150g
- スパイス（鷹の爪3〜5本、クローブ5個、ホール和山椒5個、八角2個、シナモン1本）

※はさみなどで鷹の爪を切り、中のタネを取って捨てる。

# 梅酒のカクテル

ロック・水割り・炭酸水割り・お湯割りが定番の飲み方ですが、市販のスパイスパウダーやドリンクを使って、お手軽に梅酒カクテルを楽しむことができます。
意外な組み合わせですが、梅酒はスパイスやフルーツにもよく合います。

## 1 和山椒《わざんしょう》梅酒

山椒パウダーをふりかけるだけ。ピリ辛な刺激と梅酒の香りが驚くほどマッチします。

和山椒パウダーの代わりに、シナモンやカルダモン、ジンジャーパウダーをかけても。

## 2 梅酒のホット ユズ茶割り

市販のユズ茶（小さじ1）、おろしショウガ（小さじ1/2）、梅酒（大さじ2）をお湯（100mℓ）で割ります。

市販のユズ茶同様に、ジャム状のショウガ茶を使っても、体が温まります。

## 4 ジャスミン茶梅酒

洗練された風味のジャスミン茶は梅酒の芳醇さを引き立てます。ホットでもOK。
梅酒とジャスミン茶の割合はお好みで。

> 緑茶や紅茶とも相性が良い。緑茶はスッキリと、紅茶はふんわりしたカクテルに。

## 3 冷凍ミックスベリー梅酒

市販の冷凍ミックスベリーを好みの分量を梅酒に入れるだけ。華やかな赤色に癒されます。

> 梅もフルーツ！　カットした生のグレープフルーツやキウイフルーツともよく合います。

## 得 おばあちゃんの知恵 ③

### 梅酒の健康パワー！　梅酒の意外な生かし方

第３章では、さまざまな梅酒やアレンジについてご紹介しましたが、ちょっと意外な楽しみ方もあります。

まず一つ目は、**「梅酒を料理酒として使う」**ことです。

肉料理や魚料理、カレーなどの煮込み料理に料理酒として活用することで、生肉や生魚のくさみ消しや風味づけ、食材をやわらかくすることができます。

梅酒には、梅の栄養成分やうま味エキスが浸出しているので、お料理の風味もアップします。また、手作りの梅酒には添加物の心配もありませんし、煮沸させるとアルコール成分がなくなるので、お子さんにも安心です。

そして二つ目は、**「寝る前に梅酒を飲む」**ことです。

梅酒は、梅とアルコールの相乗効果によって血行を促進させるので、体が温まり、リラックスできます。

冷えに悩んでいる方や寝つきが悪い方は、ぜひ寝る前に梅酒を。

ストレートでもおいしくいただけますが、手足の冷えが気になる方は、梅酒のお湯割りがよいでしょう。お好みでパウダー状の和山椒やシナモン、カルダモンをふると、体がよりポカポカになりますよ。

# 第4章

# かんたん・絶品 梅レシピ

# おつまみ

梅干しも梅酢も、それ自体が調味料になります。
梅干しや梅酢の風味をシンプルに味わえるレシピをご紹介します。
おかずにあと一品、というときにも参考にしてくださいね。

## 梅唐揚げ

下味は梅干しと酒だけ。ジューシーな唐揚げができます。

**材料（1〜2人前）**

鶏もも肉…250g
酒…大さじ1
梅干し…大2個（40g）
片栗粉…適量
揚げ油…適量

**作り方**

1. 鶏もも肉は4〜5cm角に切り、ビニール袋に入れる。酒を加えて、梅干しの果肉を手でちぎり、タネごともみ込む。汁気がなくなるまでよくもみ、タネを取り出す。
2. 1に片栗粉を全体にまぶす。
3. 揚げ油を180度に熱し、きつね色になるまで揚げる。

## 長芋の梅酢漬け

ピンクがきれい！まろやかな酸味を感じる、ほんのり甘いピクルスです。

**材料（1〜2人前）**

長芋…200g
赤梅酢…大さじ2
みりん…大さじ1と1/2

**作り方**

1. 長芋は皮をむき、細めの棒状に切る。
2. ジッパー付き保存袋に、1と梅酢とみりんを入れて軽くもみ、しっかり空気を抜いて保存する（冷蔵庫で３日ほど保存可）。

## 切り干し大根の梅卵黄あえ

梅と卵黄をあえて、ねっとりシャキシャキ食感でやさしい味に。

**材料(2〜3人前)**

切り干し大根(乾燥)…40g
梅干し…大2個(40g)
卵黄…2個分
しょうゆ…小さじ1

**作り方**

**1.** 切り干し大根は、ほぐしながらもみ洗いし、ざるにあげて手で水気をしぼる。
**2.** きれいな水に20分ほど浸けて再びざるにあげ、手で水気をしぼる。
**3.** 梅干しはタネを取ってたたき、卵黄としょうゆを加えて混ぜ合わせる。
**4.** **2**と**3**をあえる。

## 梅のり吸い

悪酔い予防と二日酔いにも効くといわれる、さっぱりした味のお吸いもの。

**材料(1人前)**
**※材料は全て適量でもOKです**

梅干し…大1/2個(10g)
焼きのり…1/4枚程度
すり白ゴマ…少々
熱湯…適量
しょうゆ…ひと回し分

**作り方**

**1.** お椀に手でちぎった梅干しと焼きのり、ゴマを入れる。
**2.** 熱湯を注ぐ。
**3.** しょうゆをひと回しかける。

# 養生ごはん

心も体も整えてくれる養生ごはん。
しっかり食べて、ぐっすり眠ることは健康の基本です。
体調が優れないときや心が落ち着かないとき、
外食続きのときにも。

## 梅おろしうどん

胃にやさしく、さっぱりしているので食欲をそそります。

**材料（1人前）**

梅干し…大1個（20g）
大根…150g
水…1.5カップ（300㎖）
めんつゆ…大さじ1/2
ゆでうどん…1玉
刻みネギ…適量

**作り方**

1. 梅干しはタネを取り、包丁でたたく。
2. 大根をすりおろし、水気を軽くしぼって、**1**とあえる。
3. 鍋で水を沸騰させ、めんつゆを入れる。
4. 温めたうどんを器に入れ、**3**の温かい汁をかけ、**2**とネギを乗せる。

## 梅ちぎりご飯

梅干しの酸味とシラスのうま味と塩分、青ジソの香りがよく合います。

**材料（1〜1.5人前）**

青ジソ…1〜2枚
ご飯…150〜200g
梅干し…大1個（20g）
釜揚げシラス…20g

**作り方**

1. 青ジソは水でさらした後、キッチンペーパーで水気を取り、せん切りにする
2. ご飯に、手でちぎった梅干し、シラス（半量）を**1**と混ぜ合わせる。
3. **2**を盛り付け、残りのシラスを乗せる。

## 梅たまごがゆ

消化によく体が温まる梅たまごがゆは、風邪のひき始めに効果的。

**材料（1～1.5人前）**

ニラ…1/4束
水…2カップ（400㎖）
梅干し…大1個
ご飯…150～180g
かつお節…2g
しょうゆ…ふた回し
卵…1個

**作り方**

1. ニラは1cm程度の長さに切る。
2. 鍋に水と梅干しを入れて加熱する。
3. 煮立ったら、ご飯とかつお節を加え、さらにひと煮立ちさせる。
4. しょうゆをふた回し入れる。
5. 卵を溶いて、回しながら流し入れる。
6. 最後にニラを加えて火を止める。

## 梅と夏野菜のスープ

夏の旬野菜がたっぷり入った、和洋中に合うスープ。

**材料（2人前）**

オクラ…5本
ミニトマト…5個
ミョウガ…1本
梅干し…大2個（40g）
水…2.5カップ（500㎖）
鶏ガラスープ（顆粒）…小さじ2

**作り方**

1. オクラは5㎜幅の輪切り、ミニトマトは半切り、ミョウガは2㎜幅の輪切りにする。
2. 鍋に梅干しと水、鶏ガラスープを入れて火にかける。
3. 煮立ったら1のオクラを加えて、3分くらいゆでる。オクラに火が通ったら1のミニトマトを加えてひと煮立ちさせる。アクは随時取る。
4. 器に盛り、1のミョウガを乗せる。

# 梅の万能調味料

## 1 梅めんつゆ

梅風味のめんつゆ。煮ものや煮魚、浅漬けの素などにも幅広く使える、飽きがこない便利な調味料です。

梅酢（小さじ1）

＋

めんつゆ（大さじ1）

＋

水（大さじ2）

↓

混ぜるだけ

【 作り方 】

容器にそれぞれの材料を入れ、
混ぜたら完成。

おすすめの割合は上の分量ですが、
目分量で調整してもよいでしょう。

いつものめんつゆに梅酢を加える
だけで、やさしい梅風味になります。

# アレンジいっぱい！

## こんなメニューにぴったり！

### 鍋料理

薄い味付けのお鍋に
よく合います。

### 湯豆腐

温かいお豆腐に染み
渡るおいしさです。

### めんつゆ

素麺や冷やしラーメンの
つゆとしておすすめ！

# アレンジいっぱい! 梅の万能調味料

## 2 梅醤《うめびしお》

梅干しに甘味が加わった調味料。
酸味がやわらかく、食べやすい味です。

たたいた梅干し

＋

酒・みりん

＋

かつお節

↓

軽く弱火にかけるだけ

【 材料 】

梅干し…大4個(80g)
酒…大さじ4
みりん…大さじ4
かつお節…4g

【 作り方 】

1. ホーロー鍋に梅干しと酒、みりんを入れて弱火で焦がさないよう木べらで練る。
2. 水分がなくなってきたら、かつお節を加えてひと煮立ちさせる。よく混ぜてなじませる。

※冷蔵庫で1カ月保存可能

# こんなメニューにぴったり！

## ご飯のお供・おにぎり

ご飯にぴったりなので、
お弁当にもおすすめです。

## パスタソース

焼きそばや焼きうどん
にもよく合うソースです。

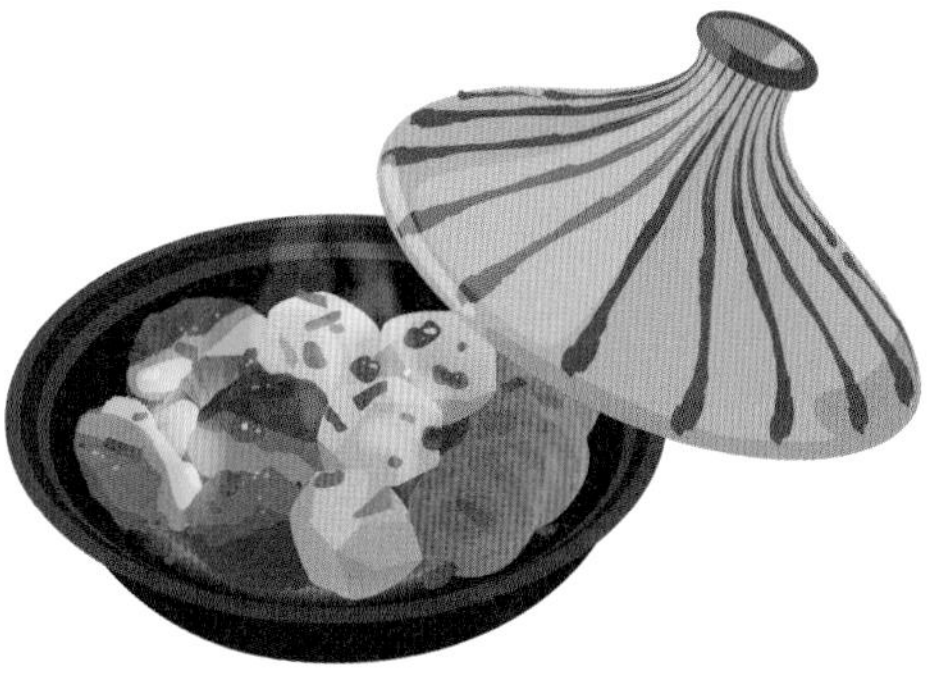

## 温野菜の和え物

ブロッコリーや
インゲン、ポテトサラダ
にも。

# アレンジいっぱい！ 梅の万能調味料

## 3 梅みそ

ほんのり甘く、梅のフルーティーなエキスと香りでいっぱいのみそ。

梅（1）

＋

砂糖（0.8）

＋

みそ（1）

↓

漬け込むだけ

【 材料 】

完熟梅…500g

砂糖…400g（てんさい糖がおすすめ）

みそ…500g

【 作り方 】

1. 梅を水洗いし、キッチンペーパーで水気をしっかり拭いてヘタを取る。
2. ジッパー付き保存袋へ入れて、24時間冷凍庫で凍らせる。
3. ボウルに砂糖とみそを入れて、混ぜ合わせる。
4. 水気を拭いて消毒した容器に、3の半量→凍ったままの梅→残りのみそ→梅を順に入れ、一番上は梅がみそで隠れるようにする。
5. 2週間後、梅のエキスが出て、みそがゆるくなってきたら、梅を取り出し、タネを出してペースト状に。ビニール手袋をして手でつぶしても、フードプロセッサーを使ってもOK。

※冷蔵庫で３カ月〜半年保存可能

# こんなメニューにぴったり！

## おでん

田楽みそのような
楽しみ方もできます。

## 豚しゃぶ

豚肉や野菜とも相性
抜群！ 温冷いずれも
OKです。

## 野菜スティック

きゅうり、にんじん、大根、
セロリなどにディップソー
スとして付けて。

## 4 梅のしょうゆ漬け

梅風味のしょうゆ。ポン酢のような酸味のあるしょうゆです。スッキリした味になるので、青梅がおすすめ。

梅（1）

＋

しょうゆ（1）

↓

漬け込むだけ

例：梅…300g
　　しょうゆ…300g

目分量で調整してもよい。

【 作り方 】

1. 梅を水洗いし、キッチンペーパーで水気をしっかり拭き取り、ヘタを取る。
2. 竹串で10カ所穴を空ける。
3. 容器を消毒し、**2**としょうゆを入れる。
4. 10日ほどして梅のエキスが浸透したら出来上がり。

# こんなメニューにぴったり！

## 刺身

梅のまろやかな酸味が、
刺身のおいしさを引き
立たせます。

## 焼き魚

とくにサバやサンマ、
イワシなどの青魚に
よく合います。

## 納豆

普通のしょうゆや納豆
のたれとは違う風味が
楽しめます。

# 冷凍梅で作る梅ジャム

※完熟梅が向いています

甘さひかえめで梅の果肉感たっぷり、
トロトロなめらかな梅ジャムレシピです。
冷凍完熟梅を使うので、
生の梅の1/3程度の時間で完成！

【 材料 】

・完熟梅…500g　・きび砂糖…400g(2回に分けて入れる)
他の砂糖も利用可

【 作り方 】

◎ 下準備
完熟梅を洗って水気を切る。竹串でヘタを取り、ジッパー付き保存袋に入れて、24時間冷凍する。

ホーロー鍋に凍ったままの冷凍梅と砂糖半量を入れて弱火で煮る。木べらでかき混ぜて梅をつぶしながら、砂糖がやわらかくなるまで煮る。焦げないように、混ぜ続ける。

梅肉が溶けて、トロトロなめらかになったら、いったん火を止めて、タネだけを取り除く。

苦味のもとになるので、白く浮いているアクはこまめに取り除く。

残りの砂糖を入れ、10分ほど弱火で煮込む。その間、木べらでかき混ぜ続ける。

冷めると濃度が増すので、煮詰め過ぎないように注意。ジャムが熱いうちに、消毒済のびんに詰めてふたをして、びんを逆さにして冷めるまで置く。

# おやつ

梅や梅シロップさえあれば、特別な材料を使わずに、
上品なデザートが作れます。
手作りのおやつならではのやさしい味わいです。

P.69 きび砂糖
梅シロップで

## 梅ゼリー

粉ゼラチンで作る、ぷるぷる食感の
涼やかな梅ゼリーです。

**材料（3人前）**

粉ゼラチン…5g
梅シロップ…3/4カップ（150mℓ）
水…1/2カップ（100mℓ）
青梅の甘露煮や黄熟梅のコンポート、梅酒の実（あればお好みで）

**作り方**

1. 器に水50mℓ（分量外）を入れ、ゼラチンを振り入れて、ふやかしておく。
2. ホーロー鍋に梅シロップと水を入れて、80℃くらいになったら火を止める。沸騰させるとゼラチンが固まりにくくなるので、沸騰する手前で火を止める。
3. ボウルの中に**1**と**2**を入れ、よく混ぜ合わせてゼラチンを溶かす。
4. 粗熱が取れたら容器へ入れて、冷蔵庫保存する。

## 梅のグラニテ

シャリシャリした食感のグラニテは、フランス料理のコースの途中で口直しとして出される氷菓です。

**材料(1〜2人前)**

梅シロップ・水
…各1/2カップ(100mℓ)

P.70 ハチミツ梅シロップで

**作り方**

1. ジッパー付き保存袋に梅シロップと水を入れて混ぜる。
2. 袋の空気を抜いて口を閉じ、バットに乗せるなどしてできるだけ平らな状態にして冷凍庫で保存する。
3. 固まったら、保存袋の上から好みの大きさにほぐし、皿などに盛り付ける。

## 台湾茶梅風コンポート

台湾の伝統的なお茶請けである茶梅が手軽に作れるアレンジレシピ。シロップは水割りにも。

**材料(3人前)**

完熟梅…300g
砂糖…180g
烏龍茶(葉)…3g
水…1.5カップ(300mℓ)

きび砂糖で

**作り方**

1. 梅を水洗いし、キッチンペーパーで水気をしっかり拭き取り、ヘタを取る。
2. ホーロー鍋に1と砂糖、烏龍茶、水を入れて弱めの中火で7〜10分煮る。焦がさないよう鍋をゆすり続ける。アクは取り除く。
3. 粗熱が取れたら保存容器へ入れ、冷蔵庫で冷やす。

※翌日以降は味が染み込み、甘みが出てくる。冷蔵庫で1カ月程度保存可能。

おやつ

てんさい糖で

# 青梅の甘露煮

少し手間がかかりますが、絶品！ 保存も効きます。
皮が破れてしまっても、おいしくいただけます。

**材料（3人前）**

青梅…300g
砂糖…240g
水…1.5カップ（300㎖）

**作り方**

1. 梅を水洗いし、キッチンペーパーで水気をしっかり拭き取り、ヘタを取る。
2. 梅全体に待ち針（なければ竹串）を奥まで刺し、20カ所くらいまんべんなく穴を開ける。
3. ホーロー鍋に梅とかぶるくらいの水（分量外）を入れて弱火にかけ、梅をやさしく手でかき混ぜながらゆでる。温度が上がり手が熱くなったら、火を止めて水を替える。これを3回繰り返す。
4. 梅を取り出すときに崩れないように水を加えて、やさしく梅だけを取り出して、いったんボウルに移す。
5. ホーロー鍋に**4**の梅、砂糖、水を入れて、弱火にかける。砂糖が溶けるまで鍋をゆすり続け、砂糖が溶けたらキッチンペーパーを落としぶたにして、そのまま弱火で20分ほど煮る。
6. 粗熱が取れたら保存容器へ入れ、冷蔵庫へ入れる。

※すぐに食べられるが、翌日以降の方が味がなじむ。冷蔵庫で3カ月程度保存可能

## 梅しごと全般

**Q** 梅しごとには金属製のものは避けた方がよいと聞きますが、なぜですか。

**A** 梅は酸が強いので、金属に長時間触れると腐食の原因になります。ざるやボウルは、梅の実を水洗いするくらいの短時間なら問題ありませんが、天日干しなど長時間使用する場合は避けてください。金属製の包丁も錆《さ》びやすくなるので、おすすめできません。どうしても使いたい場合は、使用後すぐに水洗いしましょう。また梅干しは酸と塩が強いので、保存するびんのふたが金属製のものも厳禁です。

**Q** 青梅のアクは抜いた方がよいでしょうか。

**A** レシピによって、アク抜きするように記載したものもありますが、仕上がりへの影響はほとんどないため、本書ではアク抜きの工程はありません。

## 梅干し

**Q** できるだけ塩分控えめの梅干しを作りたいのですが、塩分濃度は何%まで抑えられますか。

**A** 本書の梅干しレシピも塩分はやや控えめの13%です。塩分濃度が低くなるほどカビが生えるリスクは上がるので、家庭では10%まで下げるくらいに抑えましょう。

**Q** 3日間の天日干しを終えて梅干しを食べたら、皮が硬くなっていました。天日干しをすることで硬くなってしまったのでしょうか。

**A** 天日干しをして梅干しが硬くなることはありません。完全に熟していない未熟な梅を使ったためと考えられます。梅は黄色く色付いていても完熟ではないこともあるので、フルーティな香りのする梅を選びましょう。

# 梅干し

**Q** 梅を漬けて4日たちましたが、梅酢があまり上がってきません。どうしたらよいでしょうか。

**A** 2Lサイズ以上の大きさの完熟した梅を使い、正しい方法で作ると梅酢が上がってきます。

梅酢が上がってこない場合は、まず重しを少し重めにしてみてください。梅の2倍の重しを乗せることで、ひたひたの梅酢が上がってきます。

また、梅が熟していないと梅酢があまり上がってこないことがあります。その場合は、塩を増やして塩分濃度が合計18～20％になるようにする、ホワイトリカーを追加する（梅1kgに対して50mℓ、天日干ししない場合は20mℓまで）、市販の梅酢を入れるといった対処法があります。

**Q** 梅干しを冷蔵庫で保存せず、家の冷暗所で常温保存したいのですが、その場合は塩分濃度をどれくらいにするとよいでしょうか。

**A** 塩分18％以上で作られている梅干しであれば、冷暗所で5年ぐらいは常温保存が可能です。

**Q** 天日干しは3日間となっていますが、必ず必要でしょうか。

**A** 同じ3日間でも、地域や日によって日光の強さはまちまちです。様子を観察しながら判断してください。干し上がりは、指でつまんだ時に皮と皮がくっつくぐらいになっている状態が目安です。

## 梅シロップ

**Q** 梅シロップを飲んでみたいのですが、自分で作ると手間と時間がかかりそうです。

**A** それほど手間も時間もかかりません。容器に材料を入れた後は、砂糖が溶けるまで、1日2〜3回、容器を揺すり、梅に砂糖をコーティングさせるだけです。リビングなど目につくところに容器を置いておいて、気がついたとき容器を揺するようにしてもよいでしょう。

梅シロップレシピの中で、砂糖が溶けるのに時間がかからないレシピは、リンゴ酢梅シロップや黒酢梅シロップ（70ページ参照）です。

また、完熟梅は青梅と比べて果汁が多く砂糖が溶けやすいので、完熟梅シロップ（71ページ参照）のように、完熟梅を使用してもよいでしょう。

## 梅酒

**Q** 1年前に作った梅酒があまりおいしくありません。材料も手順も間違えていないはずですが、なぜでしょうか。

**A** 原因は、腐敗以外に二つ考えられます。

一つ目は、梅の量です。例えば、同じ1kgでも梅のサイズが違えば、実際の梅肉量は、何倍も違います。2L以上のサイズの梅がおすすめですが、小さいサイズの梅の場合は、レシピより多めに使用しましょう。

二つ目は、砂糖の量です。多過ぎはもちろん、少な過ぎてもおいしくありません。おいしい梅酒にするには、酸味と甘味のバランスが大切です。

砂糖の分量に迷ったら、まずは少なめの砂糖を漬け込み、味見をしながら少しずつ加えて調整してください。飲む際にグラスに砂糖やハチミツを加えてもよいでしょう。

# おわりに

初夏を告げる風物詩、梅。

１年に一度だけ、私たちはこの自然の恵みを手にすることができます。

人生１００年時代。私たちは１００歳まで生きられたとしても、一生で〝数えられるだけ〟の梅しごとしかできません。

限りある時間だからこそ、梅しごとにはゆっくりとていねいに向き合っていきたいものです。

梅は天然由来のものです。品種や大きさの違い、天候の影響などもありますから、同じレシピで作っても同じ味にはなることはありません。

「いい塩梅《あんばい》」という言葉がありますが、使う材料の「さじ加減」によっても、風味が大きく変わります。ひと通り作り慣れたらオリジナルレシピに挑戦し、材料の記録を残しておくと、翌年に生かせます。

また、食べたときにイマイチかなと思っても、３カ月後には味がなじんでおいしくなっていることもあります。このように時間が味方になってくれることもあるので、気長に梅しごとと向き合うのもよいでしょう。

日本には四季があります。初夏から夏にかけておこなう梅しごと。ゆったりとした時間を通して、梅のやさしい味わいや手作りの楽しさを、ぜひ感じてみてくださいね。

２０２４年３月吉日　福光佳奈子

■ 著者プロフィール

**福光 佳奈子（ふくみつかなこ）**

漬け込み酒マイスター／野菜ソムリエプロ／薬膳インストラクター

札幌市生まれ。大学卒業後、広告会社やメーカーへ勤務。会社員時代の2005年頃より梅しごとを始め、2008年野菜ソムリエの資格を取得する。その後も趣味で野菜や果物などの知識を深めていき、2017年よりセミナーを開催。2020年独立。2023年ベトナム ドンア大学にて「野菜薬膳」の特別講義実施。現在は食や健康に関する執筆や監修、セミナー講師、ECサイト運営などをしている。女性セブン、AERA、FLASH、Yahoo!ニュース、日本経済新聞などメディア取材実績多数。著書に『体にうれしい果実酒・野菜酒・薬用酒200』（秀和システム）がある。

今年からは手作り派
# やさしい梅しごと

2024年5月15日　第1刷 発行

著　者　福光佳奈子
発行者　千賀ひろみ
発行所　株式会社食べもの通信社
〒101-0051 東京都千代田区神田神保町1-46
電話 03-3518-0621　FAX 03-3518-0622
振替 00190-9-88386
ホームページ https://www.tabemonotuushin.co.jp
発　売　合同出版株式会社
印刷・製本　株式会社シナノ

■刊行図書リストを無料進呈いたします。
■落丁・乱丁の際はお取り換えいたします。

ISBN 978-4-7726-7719-6　NDC 596　210×148


STAFF
装丁・デザイン　伊澤克典（TALES）
撮影　田村尚行（「夢出版」プロジェクト）
イラスト　ネコラス 高橋愛
校正　吉川愛歩
編集担当　伊澤砂穂子（TALES）

撮影協力　山中洋二（「夢出版」プロジェクト）・佐藤裕子・下村理沙
新垣ひとみ・松永眞理子

右の二次元コードからアンケートにご回答いただくと、抽選で図書カード（500円分）をプレゼントします。当選者の発表は賞品の発送をもってかえさせていただきます。

# 食べもの通信社の本

豆腐×旬の食材

豆腐が主役になる56のレシピ

**池上保子**（料理研究家・豆腐マイスター）

■ A5 判／ 128 ページ／オールカラー／
定価1300円＋税

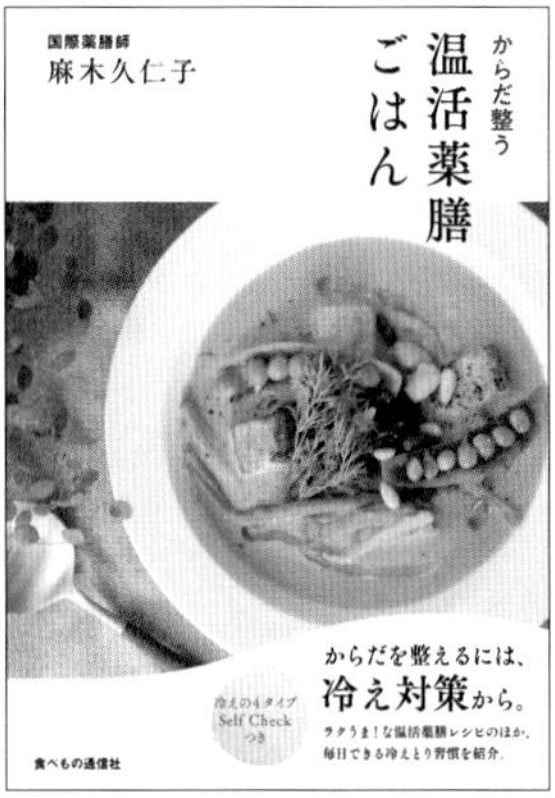


からだ整う

温活薬膳ごはん

**麻木久仁子**（国際薬膳師・タレント）

■ A5 判／ 120 ページ／オールカラー／
定価1400円＋税

心もからだもおなかも“湯治”

とっておきの温泉宿

**和田美代子**（フリーライター）

■ A5 判／ 120 ページ／オールカラー／
定価1500円＋税

身の回りにある有害物質と
うまく付き合いたいです！

**水野玲子**（サイエンスライター。NPO 法人「ダイオキシン・環境ホルモン対策国民会議」理事）

■ 四六判／ 120ページ／定価1400円＋税